Historia del cristianismo

Un apasionante recorrido por los acontecimientos más importantes que dieron forma a la Iglesia Cristiana

© Copyright 2023

Todos los derechos reservados. Ninguna parte de este libro puede ser reproducida de ninguna forma sin el permiso escrito del autor. Los revisores pueden citar breves pasajes en las reseñas.

Descargo de responsabilidad: Ninguna parte de esta publicación puede ser reproducida o transmitida de ninguna forma o por ningún medio, mecánico o electrónico, incluyendo fotocopias o grabaciones, o por ningún sistema de almacenamiento y recuperación de información, o transmitida por correo electrónico sin permiso escrito del editor.

Si bien se ha hecho todo lo posible por verificar la información proporcionada en esta publicación, ni el autor ni el editor asumen responsabilidad alguna por los errores, omisiones o interpretaciones contrarias al tema aquí tratado.

Este libro es solo para fines de entretenimiento. Las opiniones expresadas son únicamente las del autor y no deben tomarse como instrucciones u órdenes de expertos. El lector es responsable de sus propias acciones.

La adhesión a todas las leyes y regulaciones aplicables, incluyendo las leyes internacionales, federales, estatales y locales que rigen la concesión de licencias profesionales, las prácticas comerciales, la publicidad y todos los demás aspectos de la realización de negocios en los EE. UU., Canadá, Reino Unido o cualquier otra jurisdicción es responsabilidad exclusiva del comprador o del lector.

Ni el autor ni el editor asumen responsabilidad alguna en nombre del comprador o lector de estos materiales. Cualquier desaire percibido de cualquier individuo u organización es puramente involuntario.

Índice

INTRODUCCIÓN: EL ATRACTIVO UNIVERSAL DE LA FE CRISTIANA 1

PRIMERA PARTE: LOS ORÍGENES DEL CRISTIANISMO (1 E. C.-1100 E. C.) 2

   CAPÍTULO 1: UN HOMBRE Y UN CRUCIFIJO 3

   CAPÍTULO 2: LA BIBLIA: CONOZCA A LOS AUTORES 12

   CAPÍTULO 3: EL CRISTIANISMO TOMA FORMA 27

   CAPÍTULO 4: EL GRAN CISMA (1054 E. C.) 34

SEGUNDA PARTE: REFORMA Y RESISTENCIA (1100-1800 E. C.) 40

   CAPÍTULO 5: EL CRISTIANISMO MEDIEVAL (1100-1380 E. C.) 41

   CAPÍTULO 6: LA REFORMA PROTESTANTE 49

   CAPÍTULO 7: LA REFORMA RELIGIOSA EN FRANCIA E INGLATERRA 57

TERCERA PARTE: TEMAS CRISTIANOS CLAVE 62

   CAPÍTULO 8: LOS SANTOS CATÓLICOS 63

   CAPÍTULO 9: EXPANSIÓN RELIGIOSA Y ALCANCE MUNDIAL 67

CUARTA PARTE: EL CRISTIANISMO MODERNO (1800-ACTUALIDAD) 75

   CAPÍTULO 10: LAS MÚLTIPLES CARAS DEL CRISTIANISMO Y LA SEPARACIÓN DE LA IGLESIA Y EL ESTADO 76

   CAPÍTULO 11: CONFORMISTAS CRISTIANOS Y CONSPIRACIONES DEL SIGLO XIX 79

   CAPÍTULO 12: EL CRISTIANISMO DESDE EL SIGLO XX EN ADELANTE 86

CONCLUSIÓN: LA RAZÓN POR LA QUE SEGUIMOS CREYENDO 95
VEA MÁS LIBROS ESCRITOS POR ENTHRALLING HISTORY 97
APÉNDICE A: LECTURAS COMPLEMENTARIAS Y REFERENCIAS 98

Introducción: El atractivo universal de la fe cristiana

Se pueden decir muchas cosas sobre el cristianismo. Aunque usted no sea creyente, el cristianismo es un rasgo tan común de la cultura humana en general que resulta prácticamente ineludible. El hecho de que la Navidad sea la fiesta más popular del mundo es quizá la prueba más evidente de ello.

Se calcula que el porcentaje de cristianos practicantes en Japón es inferior al 2%. Sin embargo, la celebración de la Navidad ha ido creciendo allí en las últimas décadas. La fiesta se celebra con el mismo entusiasmo en Japón que en países más tradicionalmente cristianos, como el Reino Unido o Estados Unidos. Se puede afirmar con bastante seguridad que ninguna otra religión puede reivindicar un dominio mundial tan universal en su influencia.

Este libro documenta la historia del ascenso histórico del cristianismo, así como el modo en que la religión ha seguido influyendo en la humanidad a lo largo de los siglos. Este libro no pretende convertir a nadie en creyente de la fe cristiana, sino demostrar el impacto irrefutable que el cristianismo ha tenido en el mundo.

Explore los días de Cristo, el Concilio de Nicea, la Reforma y otros acontecimientos. Examinaremos todos los giros increíbles de una fe nacida en la oscura ciudad desértica de Belén y cómo influyó en la historia del mundo.

PRIMERA PARTE:
Los orígenes del cristianismo (1 e. c.-1100 e. c.)

Capítulo 1: Un hombre y un crucifijo

Como es de suponer, el cristianismo comenzó con Jesucristo. Quizá puedan mencionarse algunos precursores, como Juan el Bautista. El ministerio de Juan era similar al de Jesús en el sentido de que pedía un cambio en el orden espiritual. También se ha relacionado a Juan con una comunidad de entusiastas espirituales deseosos del fin de los tiempos. El grupo era conocido como los esenios, y profetizaban sin cesar sobre la llegada de los «hijos de la luz». El Nuevo Testamento describe en gran medida a Juan el Bautista como el que pasó la antorcha a Jesús, quien finalmente fue visto como el verdadero Mesías.

Para llegar a las raíces del cristianismo, tenemos que empezar por el propio Jesucristo. Siendo el cristianismo una religión tan conocida, la mayoría conoce la historia. Se dice que Jesús fue fruto de una concepción inmaculada y que nació en un establo de Belén. Los historiadores dudan en creer gran parte de la narración bíblica. Incluso hay quienes se muestran escépticos sobre la existencia de Jesús.

Pero como hay muchas fuentes ajenas al cristianismo que hablan de la existencia de Cristo, tal argumento es bastante difícil de sostener. Jesús es mencionado, al menos de pasada, por historiadores romanos. Estos historiadores romanos no tenían ningún interés en hacerse cristianos y se presentaban como observadores imparciales. Aunque estas pocas referencias son fugaces y carecen de gran detalle, son importantes, ya que demuestran claramente que Cristo era conocido más allá del redil cristiano inmediato.

Sin embargo, en lo que respecta a la vida de Cristo, la única obra detallada que nos queda son los Evangelios. Y en lo que respecta a los Evangelios, muchos consideran que el Evangelio de Marcos es el más antiguo (es decir, el que se escribió más cerca de la época del ministerio de Cristo en la Tierra) y el más exacto. Se habla de una hipotética fuente «Q», un fragmento perdido de texto contemporáneo que utilizaron los autores de los Evangelios, pero nunca se ha encontrado.

El Evangelio de Marcos es probablemente la representación más exacta de Jesús que existe actualmente en el mundo, ya que los demás Evangelios canónicos se basaron en gran medida en Marcos. Hay que señalar que el Evangelio de Marcos no contiene gran parte de la historia de Cristo, que sí ofrecen los otros Evangelios. En cambio, Marcos se centra principalmente en el ministerio de Cristo, su muerte en la cruz y su resurrección.

Así pues, para hacernos una mejor idea del nacimiento de Jesús en el gestor o de la historia tradicional de la Navidad, en la que aparecen unos magos, un establo en Belén y un rey recién nacido, tenemos que recurrir a los otros Evangelios. Los críticos, por supuesto, tratarán de sugerir que la razón por la que los acontecimientos de la historia de Navidad no se incluyeron en el Evangelio de Marcos fue que no sucedieron.

Sin embargo, esos críticos tendrían que enfrentarse al hecho de que un destacado historiador y contemporáneo de Jesús, un cronista judío-romano llamado Josefo, compiló dos pergaminos enteros sobre la vida de Herodes el Grande. Y dentro de estos pergaminos, enumeró un sinfín de atrocidades cometidas por el más ruin de los dictadores. Herodes fue realmente grande, ya que reconstruyó el templo judío y participó en otros proyectos de construcción masiva en todo el país, pero según Josefo, tenía un lado oscuro.

Aunque Josefo no menciona la matanza de inocentes, pinta el retrato de un hombre que no dudaría en hacer algo así. Josefo incluso relata un incidente en el que Herodes, en uno de sus notorios arrebatos, supuestamente trató de atraer a un gran grupo de ciudadanos prominentes de Israel a un estadio para poder matarlos a todos. Incluso el emperador romano Augusto (que era el jefe de Herodes) habló del cruel desprecio de Herodes por la vida.

En consideración a cuántos de los propios hijos de Herodes había matado y debido a diversas sospechas de otras atrocidades, se dice que el emperador Augusto declaró que «preferiría ser el cerdo de Herodes que su hijo». En griego, las palabras eran más humorísticas, ya que rimaban, diciendo Augusto que preferiría ser el *choiros* de Herodes que su *huios*.

En cualquier caso, según el relato tradicional de la Navidad, después de que los tres sabios de Oriente informaran a Herodes de los presagios de la estrella sobre Belén, el rey Herodes enfureció. No podía tolerar que naciera nadie que pudiera eclipsarlo, así que ordenó despiadadamente que mataran a todos los niños varones menores de dos años. Según este relato, estaba tan trastornado que llegó a matar a un montón de niños inocentes (de ahí la matanza de los inocentes) solo para llegar al Cristo recién nacido.

Esta historia es increíble, y es comprensible que a los escépticos les cueste creer que se produjera un acto tan brutal. Pero si nos fijamos en los ejemplos presentados por el historiador no cristiano Josefo, parece probable que el rey Herodes fuera realmente capaz de algo así. Por lo tanto, está claro que este acontecimiento mencionado en la historia de la Navidad podría haber sucedido. Por supuesto, el jurado aún no ha decidido si sucedió o no. Hay muchas preguntas sin respuesta, como si Herodes estaba vivo cuando nació Jesús o si se trata de una historia paralela al asesinato de sus propios hijos por parte de Herodes.

No obstante, cabe la posibilidad de que así fuera, lo que hace más fácil considerar que si un aspecto puede ser cierto, ¿quién puede decir que el resto no lo sea? Con esto en mente, profundicemos en la narración tradicional de la Navidad tal como la presentan los Evangelios. Y comencemos con el relato de la atrocidad cometida por el rey Herodes. Si el rey Herodes realmente hizo algo tan terrible, esta acción, aunque ciertamente abominable, habría tenido una razón bastante clara para hacerlo, al menos en su mente.

El rey Herodes era una marioneta romana cuyo poder podría haber sido aplastado en cualquier momento a capricho de Roma. Solo podía gobernar a su pueblo porque el emperador romano se lo permitía. Cuando los romanos conquistaron gran parte del mundo antiguo, fueron lo bastante inteligentes como para darse cuenta de que les resultaría difícil gobernar de forma continuada sobre las vastas extensiones de tierra de las que se habían apoderado sin contar con aliados locales sobre el terreno. Así, comenzaron a instalar reyes clientes amistosos para gobernar territorios lejanos. Y en la época del nacimiento de Cristo, este era el caso de la región que conocemos como Israel/Palestina.

Roma había dado autoridad al rey Herodes, pero, al fin y al cabo, se lo consideraba un clientelista de Roma. A los ojos de Roma, su trabajo número uno era mantener el statu quo. A los romanos, que estaban experimentando la Pax Romana o «Paz Romana», les gustaba mantener su dominio lo más ordenado posible. El rey Herodes tenía la tarea de asegurarse de que su rincón del imperio se mantuviera en paz y que ninguna revuelta, levantamiento o cualquier otra forma de agitación desagradable llegara a oídos de sus capataces romanos.

Si Herodes fracasaba en este deber, podía ser fácilmente destituido (y posiblemente asesinado) por sus benefactores romanos. Por tanto, a Herodes le convenía cortar de raíz cualquier posible desafío a su gobierno (y, en última instancia, al de Roma). Y según la historia tradicional de la Navidad, esto era lo que el astuto y despiadado Herodes intentaba hacer durante la «matanza de los inocentes». Los magos le profetizaron que había nacido un rey en Belén. Herodes profesaba interés en ver a este rey, pero en realidad, Herodes quería matar al rey recién nacido.

Los magos *advirtieron* este hecho. Se dieron cuenta de las verdaderas intenciones de Herodes (aunque los Evangelios dicen que un ángel les avisó) y consiguieron escabullirse de Herodes sin darle más información sobre dónde nacería Jesús. Enfurecido, Herodes decidió matar a todos los niños de Belén menores de dos años con la esperanza de atrapar al recién nacido Jesucristo. Sin embargo, el padre terrenal de Jesús, José, fue advertido en un sueño de que reuniera a su familia y huyera a Egipto.

Como explica la Biblia: «Un ángel del Señor se apareció en sueños a José y le dijo: "Levántate, toma al niño y a su madre y escapa con ellos a Egipto, y quédate allí hasta que yo te avise; porque Herodes va a buscar al niño para matarlo"» (Mateo 2:13-15). Así, consiguieron escapar por los pelos de la trampa que les habían tendido.

Según los Evangelios, muchas otras familias no tuvieron tanta suerte, y los lamentos de madres destrozadas se oían por todo Israel. La familia de Jesús se dirigió a Egipto, donde encontró refugio durante algún tiempo. Según los Evangelios, solo regresaron cuando un ángel los visitó de nuevo y les informó de que el rey Herodes había perecido.

La muerte del rey Herodes es otro rasgo de la historia de la Navidad que menciona el historiador Josefo. Los Evangelios nos dicen que salió con vestiduras resplandecientes para hablar a una multitud, solo para morir abatido. El razonamiento de los Evangelios sobre su muerte es un poco vago. El historiador judío Josefo entra en más detalles. Al parecer, Herodes padecía una gran variedad de enfermedades terribles e incluso estaba plagado de llagas abiertas e infectadas, propias de un enfermo de lepra.

El problema con la muerte de Herodes es cuándo murió. Algunos historiadores descartan las historias de Herodes el Grande en la Biblia porque creen que murió en el año 4 a. e. c., que es anterior a la fecha tradicionalmente aceptada del nacimiento de Jesús. Sin embargo, los eruditos bíblicos creen que Herodes estaba vivo cuando nació Jesús y piensan que Jesús pudo haber nacido antes del año 1 a. e. c. En la actualidad, se cree que Jesús nació entre el 6 y el 4 a. e. c.

En cualquier caso, tras el regreso de Cristo a Israel, no se nos dan más detalles sobre su educación, salvo la mención de un Jesús precoz enseñando en el templo. La narración avanza hasta el comienzo de su ministerio terrenal. Se cree que Jesús tenía unos treinta años al comienzo de su ministerio. Vivió durante un periodo de gran tensión entre el pueblo de Israel y las autoridades romanas.

Los dirigentes judíos hacían todo lo posible por mantener el statu quo y evitar que la ira de Roma cayera sobre ellos, pero la situación era cada vez más precaria. El ciudadano medio clamaba en agonía bajo el yugo de la opresión romana y la impotencia percibida de sus propios líderes locales. Eran muchos los que buscaban lo que llamaban el «Mesías», el que arreglaría todo de nuevo.

Más que ver al Mesías como el precursor de una nueva fe, para la mayoría de los judíos el Mesías era alguien que finalmente derrocaría la autoridad romana y traería un nuevo reino de Jerusalén. El propio Jesús hablaba a menudo del «reino venidero». Hablaba de que el «Reino de los Cielos» estaba cerca. El Padre Nuestro incluso invoca la imagen de un reino cuando dice: «Venga a nosotros tu Reino, hágase tu voluntad, así en la Tierra como en el Cielo».

Pero la concepción que Cristo tenía del reino venidero difería de lo que imaginaban la mayoría de sus contemporáneos. Cristo hablaba de un «reino celestial» que bajaba a la Tierra. Habla del cielo como un lugar perfecto de amor, justicia y paz, y ruega que este reino celestial descienda a la Tierra para que esta sea como el cielo.

La visión de Jesús es mucho más idealista que la de la mayoría de sus contemporáneos. Sin embargo, al igual que ocurrió cuando nació Jesús, cuando los magos lo aclamaron como rey recién nacido, la idea de que Jesús hablaba de un reino venidero fue utilizada por sus oponentes para sugerir que intentaba ir contra el statu quo. Lo acusaron de querer derrocar el reino terrenal actual e instalarse como rey.

Después de que Jesús se enemistara con los líderes religiosos locales, a los que no les gustaba su predicación, utilizaron estas acusaciones para que lo mataran. A la clase dirigente religiosa de la época no le gustaba Jesús por muchas razones. Para los más pragmáticos, que deseaban mantener el statu quo, Jesús era percibido como un gran perturbador. Sus afirmaciones de que era el Mesías y de que el reino de los cielos estaba cerca eran demasiado perturbadoras para los que querían que todo siguiera como antes.

Aunque hoy en día la gente tiende a ver a Jesús como un hombre que inspiró a otros, a muchos en aquel entonces no les gustaba la atención que Jesús estaba atrayendo a la región debido a su predicación y milagro. Su oportunidad para acabar con este movimiento llegó cuando uno de los discípulos de Jesús lo traicionó.

El traidor de Cristo, Judas Iscariote, es una figura complicada. Judas no traicionó a Jesús porque le preocupara que alterara el viejo orden. Según algunos eruditos, Judas estaba cada vez más frustrado con Jesús porque quería que este actuara más y fuera más disruptivo. Judas malinterpretó el mensaje de Cristo y esperaba que utilizara su poder e influencia para derrocar la ocupación romana de Levante. Dado que Judas había sido testigo de los milagros de Cristo, también se podría especular que Judas creía que Jesús tenía poderes sobrenaturales y que los usaría para matar a cualquier romano que se acercara.

Y teniendo en cuenta las acciones de Judas, no parece que su objetivo fuera hacer crucificar a Jesús. Parece que en realidad estaba tratando de provocar una respuesta de Cristo. Judas quería ser el catalizador que empujara a Cristo a la acción (o al menos a la acción que Judas deseaba de él). Solo cuando Jesús no derribó a sus oponentes con fuego del cielo, sino que se dejó apresar y enviar a la cruz, Judas se desesperó por sus acciones.

No salió como él había planeado. Judas, totalmente angustiado, suplicó a las autoridades religiosas que liberaran a Jesús. Como nos dice la Escritura, las autoridades religiosas se negaron, lo que llevó a Judas a arrojar a sus pies las treinta monedas de plata que le habían dado por cometer la traición. Judas salió y se ahorcó, incapaz de vivir sabiendo lo que había hecho.

A Jesús se lo tachaba de agitador y perturbador incorregible. Las autoridades religiosas sabían que cualquiera que fuera considerado subversivo para Roma podía ser ejecutado. Por ello, llevaron a Jesús ante Poncio Pilato, el gobernador de la provincia romana de Judea, y lo acusaron de ser un revolucionario que intentaba acabar con el Imperio romano. Sin embargo, parece que Pilato echó un vistazo a Jesús y lo consideró más un filósofo que un revolucionario político. Consideraba a Cristo un místico y un soñador y deseaba «lavarse las manos» de todo el asunto.

Sin embargo, la narración bíblica nos dice que, por mucho que Pilato intentara liberar a Jesús, los líderes locales clamaban aún con más vigor que fuera condenado a muerte. Finalmente, amenazaron con pasar por encima de la cabeza del gobernador. Pilato no pudo soportarlo, así que finalmente cedió a sus demandas y mandó crucificar a Jesús. Hay muchas fuentes que divergen en este punto, pero la mayoría de los historiadores creen que Jesucristo fue crucificado.

La mayor divergencia de todas es sobre lo que sucedió después. Para un crítico, es el punto de controversia más importante, y para un cristiano, es el sello distintivo de su fe. Se dice que tres días después de que Jesús fuera crucificado en la cruz, resucitó físicamente y se levantó de entre los muertos. Todos los Evangelios lo confirman, aunque hay algunas diferencias sustanciales en cuanto a ciertos detalles de cómo sucedió todo.

Por ejemplo, los Evangelios no se ponen de acuerdo sobre quién fue a la tumba para descubrir que Cristo había resucitado. La mayoría de los relatos hablan de uno o dos ángeles que los recibieron en el sepulcro y les informaron de la resurrección de Cristo. Otro relato insiste en que María Magdalena estuvo en el sepulcro llorando porque lo encontró vacío y creyó que se habían llevado el cuerpo. Entonces observó a un hombre que creyó que era el jardinero y le preguntó dónde estaba el cuerpo de Jesús. El hombre le reveló que no era otro que Jesucristo.

En una de las escenas más conmovedoras de la Biblia, Jesús llama a María por su nombre y ella lo reconoce. Llora de alegría. Pero según la escritura, cuando ella intenta abrazar a Jesús, él le advierte que no lo haga porque aún «no ha ascendido al Padre».

Como dice la escritura completa de Juan 20:15-17: «Él le preguntó: "Mujer, ¿por qué lloras? ¿A quién buscas?". Ella, pensando que era el hortelano, le dijo: "Señor, si te lo has llevado, dime dónde lo has puesto, y yo lo buscaré". Jesús le dijo: "María". Ella se volvió hacia él y gritó en arameo: "¡Rabboni!" [que significa Maestro]. Jesús le dijo: "No te aferres a mí, porque todavía no he subido al Padre. Id en cambio a mis hermanos y decidles: 'Asciendo a mi Padre y a vuestro Padre, a mi Dios y a vuestro Dios'"».

Esta afirmación es importante para los cristianos porque la creencia cristiana tradicional es que todos resucitarán físicamente al final, igual que Cristo. Los creyentes también serán transformados en «cuerpos glorificados». Es difícil cuantificar cuándo ocurrió este proceso de glorificación con Cristo porque poco después de que se encontrara la tumba vacía, todos los Evangelios afirman que se apareció en múltiples ocasiones durante los cuarenta días siguientes.

En estas ocasiones, Jesús se sentó, habló e incluso comió con los discípulos. Y en otra secuencia dramática, cuando su antiguo discípulo Tomás expresó dudas, diciendo que solo creería si podía meter las manos en los agujeros de la muñeca de Cristo, Jesús se le apareció directamente y le permitió hacer precisamente eso. Así que, aunque Cristo advirtió a María en la tumba que no lo tocara porque aún no había sido glorificado, para cuando se encontró con Tomás, el proceso estaba aparentemente completado, ya que permitió que Tomás tocara sus heridas.

Según las escrituras, una vez transcurridos los cuarenta días, Jesús ascendió literalmente al cielo. Durante el acontecimiento conocido como la «Ascensión», la Biblia habla de Cristo dando un último sermón a una gran multitud antes de comenzar a flotar en el aire. Se dice que los que estaban en el suelo se esforzaron por ver ascender a Cristo resucitado hasta que sus ojos ya no pudieron percibirlo.

Mientras se esforzaban por echar un último vistazo a Cristo a medida que ascendía más y más alto, fueron recibidos por un par de ángeles en el suelo que les dijeron que no se preocuparan y que Cristo volvería algún día. Hoy en día, muchos cristianos adoptan una visión más simbólica de las Escrituras, especialmente de los elementos más sobrenaturales, como su ascensión y sus numerosos milagros. Sin embargo, debemos recordar que para los primeros cristianos —y hasta hace poco e incluso hoy— los fieles leían estas representaciones como relatos literales.

En otras palabras, no se percibía en absoluto como una alegoría. La Biblia decía que Cristo fue crucificado, resucitó físicamente y flotó en el aire hasta perderse de vista. Y esto es lo que creían los cristianos. Para ellos, no había simbolismo. Estaba Jesús, estaba la cruz, había una resurrección física, y luego un Cristo resucitado. Fin de la historia.

Capítulo 2: La Biblia: Conozca a los autores

Hay algunos fieles cristianos que podrían sentirse incómodos al mencionar a los «autores» de la Biblia. Les puede parecer sacrílego intentar diseccionar y nombrar a quienes escribieron determinados versículos, ya que consideran que todo está «divinamente inspirado» o, como se dice a menudo, es la «Palabra de Dios» literal. Pero quienes conocen la Biblia tienen que admitir que, en efecto, fue escrita por personas reales.

Ciertamente se podría argumentar que estos autores eran instrumentos de Dios y que se les ordenó escribir lo que estaba en la voluntad de Dios, pero los autores existieron y escribieron los pasajes igualmente (aunque los historiadores sostienen ahora que los libros pueden haber sido escritos o complementados por seguidores de cierto discípulo).

Es bastante conocido entre los biblistas que Moisés fue con toda probabilidad el autor de los cinco primeros libros de la Biblia. En el judaísmo, los cinco primeros libros mosaicos se denominan la Torá. Esta colección incluye dos de los libros más poderosos del Antiguo Testamento: Génesis y Éxodo.

El Éxodo trata de cómo los «hijos de Israel» fueron sacados de la esclavitud en Egipto. Moisés es el personaje central de esta historia, ya que tiene el papel principal. Se considera que la mayor parte son relatos de primera mano, probablemente todos presenciados por el propio

Moisés. Para el Génesis, Moisés tuvo que retroceder en el tiempo hasta el principio de la creación.

Quizá la idea de que Moisés escribiera el relato de la creación mucho después de que sucediera sea lo que moleste a algunos cristianos. Muchos judíos y cristianos creen que Dios dictó a Moisés los relatos bíblicos. Pero si uno quiere permanecer firme en la tierra, o no cree en el cristianismo o el judaísmo, hay una explicación sencilla para los cinco primeros libros de la Biblia: Moisés no estaba escribiendo relatos de testigos oculares, sino que estaba relatando historias que ya existían.

Antes de que Moisés escribiera nada, existía una historia oral de lo que se decía que había sucedido. Si usted cree o no en esta historia oral transmitida desde Adán y Eva, depende de usted.

Muchas culturas antiguas tenían historias orales que se transmitían de generación en generación. Esta situación cambió para el pueblo hebreo cuando llegó Moisés; recolectó los relatos y decidió escribirlos. La mayoría de la gente cree que así es como surgió el Libro del Génesis, aunque hay quien sostiene que Moisés no escribió nada (no hay pruebas firmes ni en un sentido ni en otro). No se menciona a ningún autor, y es probable que nunca se encuentre porque la sociedad de entonces no lo consideraba importante. Sin embargo, la mayoría de los biblistas creen que Moisés lo escribió y que se limitó a relatar testimonios orales que se habían transmitido mucho antes de que él naciera.

Tal cosa resulta fácilmente comprensible si se considera el hecho de que los relatos del Nuevo Testamento sobre Cristo resucitado se escribieron probablemente varios años, si no décadas, después del hecho. Así pues, los primeros relatos de lo sucedido debieron de transmitirse oralmente. En otras palabras, una persona contó a otra las cosas asombrosas de las que había sido testigo.

Se cree que los Evangelios de Marcos, Mateo, Lucas y Juan se escribieron mucho después de los hechos que describen. Hay quien cree que el Libro de Marcos, que se considera el texto escrito más cercano a los hechos que describe, puede haber sido escrito a partir de una fuente anterior, más antigua, que se ha perdido. Es muy posible que así sea, pero en el momento de escribir estas líneas no lo sabemos con certeza.

Así pues, en general se acepta que todos los Evangelios se escribieron al menos veinte años después de los hechos que describen. No conocemos el proceso exacto, pero podría ser que los autores fueran por ahí hablando con testigos que aún vivían. Sería como si alguien en 2023 hablara con supervivientes del ataque terrorista en Nueva York que tuvo lugar el 11 de septiembre de 2001. El año 2023 está bastante alejado del 2001, pero no tanto.

Y si alguien reuniera a suficientes supervivientes del 11-S con buenos recuerdos, es probable que dispusiera de una cantidad bastante grande de material de partida para utilizar en su libro. Lo mismo podría decirse de los autores de los Evangelios. Y cuando decimos autores de los Evangelios, tenemos que tener en cuenta que hace tiempo que se argumenta que los apelativos dados a estas obras eran principalmente seudónimos. Mateo, Marcos e incluso Lucas han sido cuestionados.

El único libro que la mayoría de los eruditos considera escrito por el autor nombrado es el Evangelio de Juan. Pero dicho esto, todavía hay mucho espacio para el debate sobre esta cuestión.

En primer lugar, echemos un vistazo al Evangelio escrito más antiguo, el más cercano en el tiempo a los hechos reales: el Evangelio de Marcos. Se cree que el Evangelio de Marcos fue escrito hacia el año 50 de nuestra era (es decir, unos veinte años después de los hechos).

Durante mucho tiempo se ha creído que Marcos era en realidad una figura de la Iglesia primitiva llamada Juan Marcos, que era el intérprete de san Pedro. Interpretó las palabras de Pedro en los primeros años de la Iglesia, mientras se difundían los Evangelios (o al menos su transmisión oral). Como se cree que Pedro era analfabeto, se cree que Juan Marcos pudo haber servido también como escriba de Pedro. A veces se le ha atribuido incluso la autoría de las palabras de Pedro en las epístolas 1ª y 2ª de Pedro.

Si el Libro de Marcos fue escrito por una persona con una relación tan estrecha con el apóstol Pedro, ello reforzaría enormemente la veracidad de los relatos. Se podría suponer que gran parte de lo escrito en el Evangelio de Marcos salió directamente de la boca de un testigo ocular principal: El apóstol Pedro. Esto confiere una gran veracidad al Nuevo Testamento, ya que se trataría de la referencia más cercana que se podría esperar para escribir el Evangelio, puesto que Jesús no estaba disponible.

Aunque se escribiera muchos años después, con Juan Marcos entrevistando a un Pedro anciano que se acercaba al final de su vida, seguiría sirviendo como excelente texto primario. El tiempo puede haber alterado algunos recuerdos, como el número de ángeles que había en el sepulcro, pero las palabras que Marcos tomó de Pedro fueron probablemente un retrato bastante exacto de los principales acontecimientos del ministerio de Cristo. La idea de que Marcos utilizó el testimonio de testigos oculares puede aludirse incluso en el siguiente Evangelio más antiguo: el Evangelio de Lucas.

Lucas 1:2 menciona a cierto «ministro» que recogió los testimonios de testigos presenciales y de otros ministros. Se cree que el Evangelio de Lucas se escribió unos diez años después del Evangelio de Marcos, en torno al 60 e. c., aunque algunos creen que tardó hasta el 80 o el 90, ya que este Evangelio fue probablemente una combinación de varios autores. Lucas fue escrito en gran parte como complemento del otro libro atribuido a Lucas, el Libro de los Hechos. El Libro de los Hechos es una obra dinámica y continúa la narración bíblica directamente después de la ascensión de Cristo.

El Libro de los Hechos describe las luchas de la Iglesia primitiva y cómo se unieron sus líderes. Pedro y Santiago desempeñaron un papel clave en la iglesia de Jerusalén y se enfrentaron a muchas persecuciones. Parte de esta persecución provino del futuro apóstol Pablo. Antes de su conversión al cristianismo, Pablo era un celoso fariseo (miembro de una estricta secta judía) y conocido como «Saulo de Tarso». El Libro de los Hechos describe cómo Saulo estaba decidido a aplastar a la secta cristiana, ya que creía sinceramente que todos eran un montón de herejes.

Saulo arrestaba a los cristianos e incluso supervisaba su ejecución. Tal cosa quedó vívidamente retratada en el relato de cómo Esteban fue apedreado hasta la muerte después de predicar el evangelio. Saulo fue testigo de esta matanza, y llegaría a compararse a sí mismo con un asesino en sus epístolas. Sin embargo, Saulo se convirtió después de que le ocurriera un hecho misterioso mientras viajaba por el camino de Damasco.

El Libro de los Hechos nos dice que Cristo se le apareció a Saulo y le hizo una simple pregunta. «Saulo, Saulo, ¿por qué me persigues?». Jesús se presentaba como la iglesia perseguida, pero Saulo al principio no tenía ni idea de con quién estaba tratando y preguntó a la figura: «¿Quién eres tú?». Fue entonces cuando se dice que Jesús respondió: «Yo soy Jesús, a quien tú persigues».

Se dice entonces que Saulo quedó ciego debido a una intensa ráfaga de luz. Sería curado por uno de los cristianos de una iglesia local de

Damasco, a la que había viajado en primer lugar, aunque sus intenciones no eran buenas. Después de su curación, Saulo se dedicó de lleno a la causa del cristianismo. No se sabe a ciencia cierta lo que ocurrió en el camino de Damasco, pero, según todos los indicios, la transformación fue increíble.

Dispuesto a adoptar un cambio completo de carácter, Saulo insistió en que lo llamaran Pablo. Pasó de ser uno de los más celosos perseguidores de la fe a uno de los más celosos promotores de la fe. De hecho, Pablo daría su vida por la causa. Aunque no se menciona específicamente en las Escrituras, se cree que pereció en la persecución neroniana de la Iglesia, que tuvo lugar en el año 67 de la era cristiana.

Nerón instigó la persecución después de que un terrible incendio quemara Roma. Nerón culpó a los cristianos, sin duda citando el hecho de que muchos predicadores cristianos apocalípticos eran conocidos por sus sermones de fuego y azufre sobre el inminente fin de la era. Así que se pensó que algunos cristianos renegados podrían haber intentado desencadenar el Apocalipsis prendiendo fuego a Roma.

Hasta la fecha, nadie sabe realmente lo que ocurrió, pero los esfuerzos de Nerón por convertir a los cristianos en chivos expiatorios acabaron siendo contraproducentes, y él sería el culpable. Nerón pasaría a la historia como el tipo que «tocaba la lira mientras Roma ardía», aunque es probable que esto nunca ocurriera. Aun así, antes de que todo estuviera dicho y hecho, muchos cristianos, incluidos los apóstoles Pablo y Pedro, serían asesinados en esta represión romana contra los cristianos.

Como se sabe que este suceso ocurrió hacia el año 67 de la era cristiana, se cree que el libro de los Hechos (que no menciona específicamente la muerte de Pablo ni de Pedro) se escribió unos años antes. Así pues, se cree que Marcos se escribió en los años 50, Lucas en los 60 y el Libro de los Hechos poco después.

¿Pero qué hay del Libro de Mateo? Los primeros líderes de la Iglesia pensaban que el Libro de Mateo se escribió primero, lo que explica por qué se coloca como el primer libro del Nuevo Testamento. Los primeros padres de la Iglesia pensaban que el Libro de Mateo fue escrito alrededor del año 40 de nuestra era. De ser así, habría sido un relato bastante reciente, ya que se habría compilado pocos años después de los acontecimientos que describe. Pero esto va en contra del consenso general de los biblistas actuales.

En la actualidad, la opinión generalizada es que el Evangelio de Mateo debió de escribirse hacia el año 80 de nuestra era, si no más tarde. Durante mucho tiempo se pensó que Mateo había sido compilado por el recaudador de impuestos Mateo, a quien se menciona en el Evangelio. En el Evangelio de Mateo se narra la historia del recaudador de impuestos con el que Jesús —para disgusto de muchos de sus seguidores— entabló amistad.

Curiosamente, en Marcos y Lucas se menciona que Jesús llamó al ministerio a un recaudador de impuestos, salvo que en estos dos Evangelios no se refieren a él como Mateo, sino como «Leví». Hay una amplia gama de explicaciones plausibles para esto. En primer lugar, Leví es un grupo tribal tradicional dentro de Israel. Además, Leví podría haber sido el nombre hebreo de esta persona, siendo Mateo su nombre griego helenizado. También existe la posibilidad de que Jesús rebautizara a Leví el recaudador de impuestos como Mateo cuando se unió al ministerio.

Existe un precedente para esto. Tal cosa habría sido similar a que Jesús declarara que Simón bar-Jona (el apóstol Pedro) era «Petros» o la «roca» sobre la que edificaría su iglesia. La palabra griega para roca es *petros*, que en traducciones posteriores se traduciría como «Pedro».

En cualquier caso, si nos atenemos a la idea de que Mateo o Leví, el recaudador de impuestos y contemporáneo de Cristo, escribió este Evangelio en particular, sería un relato muy importante, ya que habría sido escrito por alguien que estaba allí sobre el terreno cuando sucedieron muchas cosas.

Sin embargo, la mayoría de los eruditos datan el Libro de Mateo en torno al año 80 de nuestra era. Mateo era ya un anciano en la época en que se escribió este relato. La gente no vivía tanto como ahora, lo que pone en duda la teoría de que Mateo escribiera el relato. Si bien es cierto que la media de la gente moría a los cincuenta años y no a los setenta u ochenta, siempre había algunos casos atípicos. Estos casos pueden haber sido raros, pero ocurrieron. Por lo tanto, no sería descabellado que Mateo se encontrara entre esos pocos.

Después de todo, se cree que el autor del Libro de Juan, Juan el Revelador, vivió hasta una edad bastante avanzada. Hablando de Juan, el Evangelio de Juan es quizá el que tiene los preceptos más ampliamente consensuados. Tanto la Iglesia primitiva como los eruditos modernos creen que el libro es probablemente el último de los Evangelios que se escribió.

Es evidente que la Iglesia así lo creía por el simple hecho de que el Libro de Juan fue colocado en último lugar. Los eruditos e historiadores modernos tienen muchas razones para creer que el Libro de Juan fue el último Evangelio que se incluyó. El propio Evangelio ofrece algunas pistas sobre su finalidad.

Como relata Juan 21:24-25: «Este es aquel discípulo que da testimonio de estas cosas, y el que escribió estas cosas, y sabemos que su testimonio es verdadero. Y hay también otras muchas cosas que hizo Jesús, las cuales, si se escribiesen cada una de ellas, pienso que ni aun en el mundo cabrían los libros que se habrían de escribir».

Sí, dando crédito a la noción de que Juan tenía la última palabra en lo que se refiere a los Evangelios, esta declaración suena casi como si alguien estuviera haciendo un argumento definitivo de «caso cerrado». Juan está reconociendo aquí que hay muchas cosas que Jesús pudo haber hecho que no se incluyeron en el testimonio simplemente por el hecho de que eran demasiado numerosas para contarlas.

Pero la pregunta sigue siendo: ¿quién es el autor? ¿Fue realmente el apóstol Juan? ¿O fue otra persona?

Ya en el año 180 e. c., un padre de la Iglesia primitiva llamado Ireneo, una conocida autoridad en materia de Escritura, declaró que este Evangelio en particular fue escrito por el apóstol Juan. Según Ireneo, «Juan, el discípulo del Señor, que también se había apoyado en Su pecho, publicó él mismo un Evangelio durante su residencia en Éfeso de Asia».

Si asumimos que Juan fue el escritor, hay que reconocer que el Evangelio de Juan presenta algunas diferencias llamativas en comparación con los Evangelios anteriores. El Evangelio de Juan está mucho más orientado hacia el concepto griego de lo divino. Después de todo, el filósofo griego Platón hablaba de la existencia de una fuerza suprema todopoderosa del bien conocida como el «Logos».

Platón creía que era del Logos de donde procedían todas las cosas y, sin embargo, el Logos —esa fuerza suprema— seguía vinculado a todas las creaciones que habían emanado de él. Pero, ¿qué tiene que ver todo esto con el Evangelio de Juan? Mucho. El Libro de Juan comienza diciendo: «En el principio era el Verbo». Bueno, en realidad, en el griego original, Juan escribió: «En el principio era el Logos»

Y eso marca toda la diferencia del mundo. Juan estaba invocando intencionadamente el concepto griego del Logos y asociándolo con Jesús. Aquí está el pasaje completo, con «Logos» sustituyendo a «Verbo». «En el principio era el Logos, y el Logos estaba con Dios, y el Logos era Dios. Por medio de él se hicieron todas las cosas; sin él no se hizo nada de lo que se ha hecho. El Logos se hizo carne y puso su morada entre nosotros. Hemos visto su gloria, la gloria del Hijo unigénito, que procede del Padre, lleno de gracia y de verdad».

Estos complicados conceptos se introducen en las Escrituras de forma casi subliminal, pero el mundo de habla griega habría captado con toda seguridad la mención del «Logos». Juan estaba diciendo que Jesús era el Logos y que el Logos se había hecho carne para «habitar» en la Tierra. Los griegos pensaban que la «mente divina» del Logos enviaba periódicamente sus pensamientos divinos en lo que se conocía como «emanaciones», que se manifestaban en seres reales.

Curiosamente, estas nociones platonistas son bastante similares a las creencias del hinduismo. Muchos malinterpretan la fe hindú como politeísta, pero no es así. Aunque es cierto que los hindúes tienen una gran variedad de figuras divinas, al igual que los griegos, creen que todo procede en última instancia de un dios eterno. Ya sea el Señor Visnú, un ser humano, un árbol o el gato Pelusa, todo emana en última instancia de una fuente divina. Los hindúes llamaban a esta fuente divina el «Brahman», mientras que los griegos la llamaban el «Logos».

El hecho de que un escritor de los Evangelios intentara conciliar la filosofía griega con la teología cristiana no era un fenómeno único en el siglo I. Había bastante polinización cruzada entre ambas. Lo mismo ocurría con el judaísmo predecesor del cristianismo, como se vio en los esfuerzos de intelectuales como el pensador judío Filón.

Filón hizo algo bastante similar a lo que hizo Juan, excepto que en realidad afirmó que Moisés era el Logos. Se podría argumentar que la afirmación de Filón es un poco más difícil de comprender, ya que tenemos escenas de Moisés de pie ante la zarza ardiente como una manifestación del Dios eterno, que insiste en que él es «YO SOY». En otras palabras, él es la realidad original que todo lo abarca. Es el Logos.

¿Pensaba Filón que tanto la zarza ardiente como Moisés eran manifestaciones del Logos al mismo tiempo y que su diálogo no era más que una ilusión de dos seres que eran uno y el mismo, pero a los que se hacía aparecer como separados? Sería similar a la idea que tienen muchos cristianos de que Dios Padre, Dios Hijo y el Espíritu Santo son tres partes de la misma persona. Sí, este tipo de discurso teológico puede resultar bastante complicado.

En cualquier caso, el Evangelio de Juan tiene la misma narración principal que los demás Evangelios, pero no entra en tantos detalles. Parece que algunos de estos detalles adicionales que se omitieron fueron sustituidos por discursos mucho más extensos sobre creencias filosóficas o espirituales. Y luego, después de todo lo dicho y hecho, el autor parece haber reconocido esta omisión. De hecho, el autor básicamente se disculpa por ello racionalizando que simplemente no había espacio suficiente para incluirlo todo. (¡No cabía en todo el mundo!)

En cuanto a los demás autores de las Escrituras cristianas, no podemos dejar de mencionar al apóstol Pablo. Todavía hoy se discute con frecuencia si Pablo se dio cuenta o no de que sus epístolas se incluirían en el canon cristiano. Hay que recordar que las epístolas eran simplemente cartas. Los escritos de Pablo eran cartas que había dirigido a las iglesias locales o a los creyentes, en las que exponía sus creencias y les dirigía palabras de aliento.

Pablo fue un escritor prolífico y profundo, aunque se discute la autoría de algunas de sus cartas. A pesar de ello, gran parte de su enorme perspicacia, aunque ostensiblemente dirigida a una iglesia en particular, como la «Iglesia de los corintios», la «Iglesia de los gálatas» o la «Iglesia de los romanos», fue tan elocuente y rica que puede aplicarse fácilmente a todos los creyentes en general. La gente de hoy sigue inspirándose en las obras de Pablo.

Pero dicho esto, no podemos olvidar que Pablo escribía cartas a iglesias y personas concretas. El hecho de que acabara en la Biblia sería como si alguien escribiera un libro sobre gestión empresarial y luego encontrara algunos correos electrónicos realmente buenos que Steve Jobs escribió a Steve Wozniak y los incluyera en el libro.

Esto no quiere decir que las palabras de Pablo sean conmovedoras e inspiradoras, pero el hecho de que escribiera cartas en lugar de Evangelios no deja claro si alguna vez quiso que sus escritos se incluyeran en el canon.

Dicho esto, los escritos de Pablo han provocado a menudo algunas disensiones en la Iglesia. Siempre ha habido quienes juraban absolutamente por ellos, pero también quienes advertían contra ellos.

Incluso el apóstol Pedro parecía algo conflictivo. Pedro alababa a Pablo, pero también lanzaba una especie de críptica advertencia sobre sus enseñanzas. En una de las epístolas de Pedro, encontramos a este diciendo: «Y tened entendido que la paciencia de nuestro Señor es para salvación; como también nuestro amado hermano Pablo, según la sabiduría que le ha sido dada, os ha escrito, casi en todas sus epístolas, hablando en ellas de estas cosas; entre las cuales hay algunas difíciles de entender, las cuales los indoctos e inconstantes tuercen, como también las otras Escrituras, para su propia perdición» (2ª Pedro 3:15-16).

Pedro no dice que Pablo esté equivocado, pero advierte que habla de creencias teológicas complejas que muchos «indoctos» confunden y malinterpretan. Curiosamente, escritores cristianos posteriores del siglo II culparían a Pablo de inspirar a los gnósticos cristianos.

Los gnósticos negaban la resurrección física y además insistían en que toda realidad física era mala y que el objetivo final era liberarse y convertirse en espíritu. Y los gnósticos de hecho favorecían a Pablo, contándolo como un compañero gnóstico y viéndolo como una gran inspiración. Al parecer, esto se debía a que disfrutaban con el hecho de que Pablo parecía fustigar la carne tal y como ellos deseaban hacer. Pablo declaró: "La carne y la sangre no heredarán el reino de Dios».

Esta declaración, que fue escrita en una de las epístolas de Pablo, parece respaldar la opinión gnóstica posterior de que la carne y la sangre son inherentemente malas. Pero, aunque parece reforzar a los gnósticos, el inquietante versículo está en total contradicción con todos los demás aspectos de la fe cristiana. La piedra angular del cristianismo es la resurrección física de Jesús. Y durante la ascensión, la gente aparentemente se quedó mirando cómo Cristo flotaba hacia los cielos.

Además, la doctrina cristiana original atestigua que todos (creyentes y no creyentes) resucitarán físicamente al final. Algunos serán resucitados a la dicha, mientras que otros serán resucitados para enfrentar el juicio. Entonces, uno realmente tiene que preguntarse ¿de dónde sacó el apóstol Pablo la idea de que «la carne y la sangre no heredarán el reino de Dios»?

Según el resto de la Biblia, cuando la Nueva Jerusalén llegue a la Tierra y Jesús resucite físicamente, los santos también resucitarán físicamente. Todos los antiguos creyentes participarán en un reino de Dios muy real. Será como el Padre Nuestro: «así en la Tierra como en el Cielo».

Teniendo en cuenta todo esto, está bastante claro que, fueran cuales fueran las intenciones de Pablo, sus palabras en este pasaje en particular —como Pedro advirtió que podría ocurrir— causan mucha confusión, incluso hoy en día. A pesar de esta declaración fortuita acerca de que la carne y la sangre no heredarán el reino de Dios, el propio Pablo parece haber creído plenamente en la resurrección física.

Pablo aclaró esta creencia de una manera profunda en su famosa carta a la Iglesia de Corinto al afirmar: «Si no hay resurrección de los muertos, entonces ni siquiera Cristo ha resucitado. Y si Cristo no ha resucitado, de nada sirve nuestra predicación ni vuestra fe. Más aún, entonces se descubre que somos falsos testigos acerca de Dios, pues hemos testificado acerca de Dios que resucitó a Cristo de entre los muertos. Pero no lo resucitó, si de hecho los muertos no resucitan» (1ª Corintios 15, 13-15).

Si estas palabras a los corintios vinieron después de su declaración de que «la carne y la sangre no heredan el reino de Dios», se podría pensar que estaba haciendo un poco de control de daños. Tal vez algunos de los «indoctos» nuevos creyentes de los que hablaba Pedro tomaron sus palabras y corrieron con ellas. Tal vez fueron por ahí gritando desde los tejados: «Pablo dijo que la carne y la sangre no heredan el reino de Dios; por lo tanto, ¡no hay resurrección!».

Pero no fue así, ya que estas palabras, que aparentemente aclaran la resurrección física, provienen exactamente de la misma epístola en la que Pablo redactó las palabras «la carne y la sangre no heredan el reino de Dios». De hecho, Pablo hizo esta aclaración antes de pronunciar esas infames palabras. Pablo había estado haciendo todo lo posible para insistir en que la resurrección física de los muertos era realmente lo que los cristianos debían esperar.

Pablo continúa diciendo: «Porque si los muertos no resucitan, tampoco Cristo ha resucitado. Y si Cristo no ha resucitado, vuestra fe es vana; aún estáis en vuestros pecados. Luego también los que durmieron en Cristo están perdidos. Si solo hemos esperado en Cristo en esta vida, somos los más dignos de lástima de todos. Pero Cristo ha resucitado de entre los muertos, primicia de los que durmieron. En efecto, puesto que la muerte pasó por un hombre, la resurrección de los muertos pasa también por un hombre. Porque, así como en Adán todos mueren, también en Cristo todos serán vivificados» (1ª Corintios 16:16-22).

Sin embargo, cuando Pablo prosigue sus largas y complejas reflexiones teológicas, hacia el final de esta misma epístola, afirma: "Os aseguro, hermanos, que la carne y la sangre no pueden heredar el reino de Dios, ni lo corruptible hereda lo incorruptible» (1ª Corintios 15:50).

Entonces, ¿hablaba Pablo en clave? Como advirtió Pedro, podría ser que algunos de sus dichos fueran difíciles de entender a veces. Si Pablo solo utilizaba «carne y sangre» como eufemismo de «pecaminosidad», sus palabras tienen sentido. Hoy en día hay muchos que pueden equiparar «pecado» con comportamiento «carnal». Por lo tanto, es posible que Pablo dijera que «la carne y la sangre» o «el comportamiento pecaminoso» no permitirán el acceso al reino de Dios.

Tal declaración se habría alineado con enseñanzas anteriores sin ningún problema. Pero si esto era simplemente la taquigrafía de Pablo en el trabajo, solo aquellos que lo conocían lo suficiente como para entender su jerga habrían comprendido plenamente lo que quería decir. Por lo tanto, es importante tener en cuenta su audiencia. Hablaba directamente a la congregación de Corinto. Pablo había recibido noticias de que se estaban comportando de forma inapropiada, así que los estaba corrigiendo. Esto podría muy bien ser la razón por la que les advirtió que cesaran y desistieran de sus obras «carnales», ya que no harían nada para promover su crecimiento como cristianos.

Pasando de Pablo como autor bíblico, los únicos otros autores reconocidos que quedan son dos hermanos de Jesús —Santiago y Judas. Ahora, cuando decimos la palabra «hermanos», tenemos que tener cuidado porque la mención de que Jesús tenía relaciones de carne y hueso a menudo causa cierta contención entre los cristianos. Desde el punto de vista cristiano, Jesús nació de su madre, María, por obra de Dios, lo que lo convierte en el «hijo de Dios».

Incluso si cree en la inmaculada concepción, no se puede negar que María y su marido, José, tuvieron hijos juntos después de que Jesús naciera. Así que, incluso si cree que Jesús era el hijo de Dios y María, sus hijos posteriores serían medio hermanos de Jesús. Por lo tanto, los autores del Nuevo Testamento, Santiago y Judas, eran medio hermanos de Jesús, dependiendo de su punto de vista sobre la inmaculada concepción.

Cuando se piensa en ello, es realmente sorprendente que los dos hermanos de Jesús —especialmente Santiago— no escribieran más de lo que escribieron. A Santiago se le atribuyen dos epístolas, y las palabras de Judas no son más que una nota a pie de página justo antes del épico libro final de la Biblia: el Apocalipsis. La brevedad de Santiago es especialmente sorprendente, ya que, tras la resurrección, se convirtió en un importante líder de la iglesia de Jerusalén.

Santiago tiene una historia interesante. Se dice que al principio no creyó en las afirmaciones de su hermano. La prueba irrefutable de la aparición de Cristo resucitado a Santiago le hizo cambiar de opinión. A partir de ese momento, Santiago se convirtió en un ferviente promotor de la fe y dirigió la Iglesia de Jerusalén durante muchos años. Santiago fue finalmente martirizado por su fe, pero se le atribuyen dos epístolas, 1ª y 2ª.

La contribución de Judas fue mínima, pero nos proporciona uno de los pasajes más interesantes de la Biblia. Judas en realidad hace referencia al, una vez perdido Libro de Enoc, hablando de cómo los ángeles caídos habían venido a la Tierra y se habían cruzado con mujeres humanas, creando criaturas mitad ángel, mitad humanas llamadas los Nefilim.

Judas alude afirma: «Y a los ángeles que no guardaron sus puestos de autoridad, sino que abandonaron su morada propia, a estos los ha mantenido en tinieblas, atados con cadenas eternas para el juicio en el gran día» (Judas 1: 6). Judas también advierte extrañamente contra «calumniar a los seres celestiales». Continúa diciendo: «No obstante, de la misma manera también estos soñadores mancillan la carne, rechazan la autoridad y blasfeman de las potestades superiores». Pero cuando el arcángel Miguel contendía con el diablo, disputando con él por el cuerpo de Moisés, no se atrevió a proferir juicio de maldición contra él, sino que dijo: "El Señor te reprenda". Pero estos blasfeman de cuantas cosas no conocen; y en las que por naturaleza conocen, se corrompen como "animales irracionales" (Judas 1: 8-10).

Es interesante observar el sentido de familiaridad con el que Judas se refiere a los «seres celestiales», teniendo en cuenta que los Evangelios hablan de cómo los ángeles visitaron repetidamente a sus padres durante la historia de Navidad. ¿Podría estar hablando de alguna de sus experiencias personales con estos seres celestiales? Si creemos que la familia recibió la visita de los ángeles durante la historia de Navidad, no es difícil imaginar que esas visitas continuaron mientras Jesús, Santiago y Judas crecían bajo el techo de María y José.

En cualquier caso, aunque el Libro de Enoc no se incluyó en el canon oficial, Judas vuelve a referirse a él para describir su opinión sobre el estado actual de la Iglesia. Judas declara: «También Enoc, el séptimo patriarca a partir de Adán, profetizó acerca de ellos: "Miren, el Señor viene con millares y millares de sus ángeles para someter a juicio a todos y para reprender a todos los pecadores impíos por todas las malas obras que han cometido, y por todas las injurias que han proferido contra él". Estos individuos son refunfuñadores y criticones; se dejan llevar por sus propias pasiones; hablan con arrogancia y adulan a los demás para sacar ventaja» (Judas 1: 14-16).

El mensaje de Judas es ciertamente intenso. De nuevo alude a las huestes celestiales, afirmando que «el Señor viene con miles y miles de sus santos para juzgar a todos». A continuación, termina su misiva con una exclamación al ordenar a los creyentes que «sean misericordiosos con los que dudan; salven a otros arrebatándolos del fuego; a otros muestren misericordia, mezclada con temor-odiando incluso la ropa manchada por la carne corrompida».

Esto parece una declaración final. Y si el Libro del Apocalipsis no estuviera incluido en la Biblia, uno casi podría imaginarse que estas fueran las palabras definitivas de la escritura antes de cerrar el libro. Curiosamente, algunos querían eliminar el Apocalipsis. Es famoso el deseo de Martín Lutero de eliminarlo del canon protestante.

Sin embargo, Lutero tenía sus propias razones, ya que consideraba que la mención del Apocalipsis de arrojar el «Hades» (un lugar temporal) al «Lago de Fuego» (un destino final aparentemente eterno) sonaba como si reforzara el concepto católico del lugar de retención temporal del purgatorio, contra el que él estaba en contra en ese momento.

Hablando del Apocalipsis, se cree que el mismo autor del Evangelio de Juan fue el autor de esta obra profética. Cuando Juan fue enviado al exilio por los romanos a la isla de Patmos, tuvo varias experiencias reveladoras. Al parecer, Juan escribió lo que vio, dando lugar a una larga narración de imágenes proféticas. Hasta el día de hoy se discute mucho sobre si el Apocalipsis es literal o simbólico.

A algunos les gustaría adoptar una postura completamente literal, pero esto es bastante difícil de entender, ya que, al principio del Apocalipsis, el ángel que inicia la presentación de Juan de las imágenes reveladoras utiliza el simbolismo de «siete candelabros», que el propio ángel insiste en que representan las «siete iglesias» que estaban presentes en Asia Menor. Puesto que el ángel lo dijo durante la propia revelación, parece bastante claro que al menos algunas partes del Apocalipsis pretendían ser simbólicas. Pero, aun así, la pregunta sigue siendo, ¿dónde se traza la línea?

¿Qué es simbólico? ¿Y qué no lo es? Siguiendo en esta línea, quizás una de las cuestiones más desconcertantes es cuando Juan fue testigo de la «batalla de Armagedón». Al parecer, vio ejércitos blandiendo espadas y luchando a caballo. Esto habría sido común en la época de Juan, pero en el mundo moderno, vemos el Armagedón como una lucha de tanques y aviones de combate.

En algunas partes de esta escritura se suele invocar el simbolismo. Por ejemplo, cuando a Juan se le presentan imágenes de «langostas» que traen la muerte a una gran parte de la humanidad, algunos han teorizado que a Juan en realidad se le estaban mostrando helicópteros de ataque Apache modernos, los cuales, para un ojo no entrenado, sí se parecen a las langostas. Y si Juan, que no tenía ni idea de lo que era un helicóptero, vio este gran artilugio, probablemente lo habría identificado como alguna gran bestia con la que estaba familiarizado, como una langosta.

En cualquier caso, las profecías de Juan se han discutido durante mucho tiempo de muy diversas maneras. Muchos discuten si estas profecías ya habían ocurrido o no, si todas ellas estaban por venir, o si él tenía alguna profecía en primer lugar.

En cualquier caso, estos fueron los autores de las Escrituras, y su influencia en el cristianismo continúa hasta nuestros días.

Capítulo 3: El cristianismo toma forma

Aunque el cristianismo fue fundado por Cristo, fue construido por sus seguidores. Y el núcleo de este fervor religioso por el supuesto Jesús resucitado se remonta al grupo de personas que afirmaron haber visto su resurrección, desde sus primeras supuestas apariciones en el sepulcro hasta sus posteriores apariciones en casas, a la vera de los caminos y hablando ante grandes multitudes. Según las Escrituras, la resurrección de Cristo encendió a sus seguidores y los hizo «poner el mundo patas arriba» por él.

Se crea o no en la resurrección, hay que reconocer que los primeros cristianos creían en ella. Y tal acontecimiento es una buena explicación de por qué los primeros cristianos se sintieron tan impulsados a predicar el Evangelio. Lo vemos en la actitud de los discípulos más cercanos a Cristo. Inmediatamente después de la crucifixión, estaban deprimidos y paranoicos. Se quedaron encerrados y agacharon la cabeza por miedo a que, sin Jesús, ellos fueran los siguientes. Los mejores términos para describir su estado de ánimo podrían ser derrotados, desanimados, perseguidos y acosados.

Sin embargo, según las Escrituras, al tercer día, Cristo resucitado se presentó ante ellos. Todo cambió. Su tristeza se convirtió en alegría, y su miedo en la certeza de que la causa en la que creían era justa. Estaban tan seguros de sí mismos que irrumpieron en medio del templo para declarar que Cristo había resucitado de entre los muertos, aun sabiendo que podían ser arrestados y condenados a muerte solo por decirlo.

Hechos de los Apóstoles 4:7-13 contiene un relato muy impactante al respecto, en el que Pedro se enfrenta sin miedo a las autoridades del templo. Dice así: «Entonces Pedro, lleno del Espíritu Santo, les dijo: "¡Gobernantes y ancianos del pueblo! Si hoy nos piden cuentas por un acto de bondad mostrado a un hombre cojo y nos preguntan cómo se curó, sabed esto, vosotros y todo el pueblo de Israel: Es por el nombre de Jesucristo de Nazaret, a quien vosotros crucificasteis, pero a quien Dios resucitó de entre los muertos, que este hombre está ante vosotros curado. Jesús es la piedra que desechasteis los edificadores, que se ha convertido en la piedra angular. En ningún otro hay salvación, porque no hay otro nombre bajo el cielo, dado a los hombres, en que podamos ser salvos"».

Palabras tan audaces como estas podrían haber acarreado la muerte inmediata. Cuando Pedro las pronunció, se dijo que había curado milagrosamente a un cojo rezando en el nombre de Jesús. Y cuando fue interrogado al respecto, en lugar de negar a Cristo, como Pedro había hecho antes de la resurrección, proclamó audazmente su creencia en Cristo. Se enfrentó a los que estaban al mando y declaró que nunca dejaría de proclamar a Cristo y básicamente los desafió a hacer lo peor.

Uno tiene que preguntarse, ¿por qué estaría dispuesto a morir por una mentira? Ya es bastante difícil para mucha gente morir por la verdad, y mucho más por algo que alguien se ha inventado. El hecho de que estos hombres y mujeres estuvieran dispuestos a morir antes que renunciar a Cristo es una prueba fehaciente de que —si acaso— creían de verdad lo que decían. Podemos argumentar que deliraban, pero fuera lo que fuese, parecían creer sinceramente en la resurrección de Jesucristo.

En cualquier caso, la supuesta resurrección sirvió de catalizador que puso en marcha a la Iglesia primitiva. Los seguidores de Cristo predicarían abiertamente en las calles de Jerusalén y luego se abrirían camino mucho más lejos. En el siglo II, el cristianismo se había extendido, hasta cierto punto, a prácticamente todo el Imperio romano.

Durante este periodo, los cristianos fueron tolerados y perseguidos periódicamente por diversos regímenes y ciudadanos romanos. Gran parte de esta persecución se basaba a menudo en simples malentendidos sobre lo que era el cristianismo. Por ejemplo, los cristianos se reunían en secreto y a menudo en cementerios. Los cristianos probablemente se reunían allí porque podían hacerlo en paz y sin ser molestados.

Pero para cualquiera que no fuera cristiano y viera por casualidad una congregación reunida en un cementerio, habría sido un espectáculo bastante extraño de contemplar. También se acusaba a los cristianos de canibalismo debido a una mala interpretación de la comunión. Esto quizá nos parezca una tontería hoy en día, pero consideremos las palabras atribuidas a Cristo para la ceremonia: «Esta es mi sangre, este es mi cuerpo». Para aquellos que no conocían el simbolismo o lo que todo esto significaba, es fácil ver por qué pensaban que los cristianos hablaban de beber sangre y comer personas.

Debido a todos estos malentendidos, los apologistas cristianos se hicieron prominentes. Para ser claros, un apologista cristiano no era alguien que se disculpaba por su fe. Al contrario, un apologista era alguien que aclaraba y defendía su fe. La palabra «apologista» viene de la palabra griega *apologia*, que literalmente significa «defensa». Uno de los apologistas cristianos más famosos fue Justino Mártir, que vivió durante el siglo II y escribió largos tratados defendiendo las creencias cristianas en términos que resultan bastante familiares a la ideología cristiana de la era moderna.

Y en el siglo IV, una gran parte del Imperio romano era cristiana. En el año 313 e. c., el emperador romano Constantino promulgó su famoso Edicto de Milán, en el que declaraba el cristianismo religión lícita y tolerada. La Iglesia, que antes había sido tan perseguida, se convertiría en la religión principal del Imperio romano. Y poco después se formó lo que hoy conocemos como Iglesia católica (universal).

Sin embargo, la Iglesia católica afirma que sus raíces se remontan al apóstol Pedro, cuando se convirtió en el primer obispo de Roma (lo que lo convirtió en el primer papa) poco antes de ser martirizado. Los católicos pueden señalar una larga historia de administración, al menos en lo que respecta a la función del obispo de Roma (también conocido como papa). El papa Lino, un hombre que, según se dice, fue elegido personalmente por el propio Pedro para ser su sucesor, asumió el manto después de Pedro. Lino también se menciona en una de las cartas a Timoteo (2 Timoteo 4:21, para ser exactos). Y la línea de papas ha continuado hasta nuestros días.

En cualquier caso, después de que el emperador romano Constantino, amigo de los cristianos, decidiera que el cristianismo debía ser tolerado, se empeñó en utilizarlo como fuerza unificadora y vinculante. Pero para ello, tenía que haber una norma establecida, una doctrina universal que todos los cristianos debieran acatar. La ambición de Constantino por lograr este objetivo condujo a uno de los acontecimientos más importantes de la historia cristiana: el Concilio de Nicea. Celebrado en el año 325 e. c. en la ciudad de Nicea, en el Mediterráneo oriental, los líderes de la Iglesia se reunieron para formular la doctrina universal de la Iglesia que se conocería como el Credo de Nicea.

Este credo era la declaración oficial de lo que los cristianos proclamaban creer. Supuso un corte a casi tres siglos de confusión, durante los cuales los cristianos debatieron enérgicamente entre ellos, sobre todo, desde la comunión hasta la naturaleza de la divinidad de Cristo.

Los reunidos en el Concilio de Nicea proclamaron:

«Creo en un solo Dios, Padre todopoderoso, creador del Cielo y de la Tierra, de todo lo visible y lo invisible. Creo en un solo Señor Jesucristo, Hijo único de Dios, nacido del Padre antes de todos los siglos. Dios de Dios, Luz de Luz, Dios verdadero de Dios verdadero, engendrado, no creado, de la misma naturaleza del Padre; por quien todo fue hecho; que por nosotros lo hombres, y por nuestra salvación bajó del cielo, y por obra del Espíritu Santo se encarnó de María, la Virgen, y se hizo hombre; y por nuestra causa fue crucificado en tiempos de Poncio Pilato; padeció y fue sepultado, y resucitó al tercer día, según las Escrituras, y subió al cielo, y está sentado a la derecha del Padre; y de nuevo vendrá con gloria para juzgar a vivos y muertos, y su reino no tendrá fin.

Creo en el Espíritu Santo, Señor y dador de vida, que procede del Padre y del Hijo, que con el Padre y el Hijo recibe una misma adoración y gloria, y que habló por los profetas. Creo en la Iglesia, que es una, santa, católica y apostólica. Confieso que hay un solo bautismo para el perdón de los pecados. Espero la resurrección de los muertos y la vida del mundo futuro. Amén».

Incluso en este credo, se ve una vez más la palabra «católica» o «universal» siendo enfatizada. El proyecto de Constantino era grande, ya que deseaba unir a todos los cristianos de su reino bajo una misma bandera. Teniendo en cuenta la divergencia de opiniones que existía antes del Concilio de Nicea, es realmente increíble que el concilio tuviera tanto éxito como para unir a las facciones.

Se dice que los líderes eclesiásticos de todas partes viajaron a Nicea y debatieron enérgicamente sus puntos de vista sobre las escrituras antes de llegar a este credo universal. Imagínese a todos estos ancianos estadistas de la iglesia, algunos de ellos todavía con las cicatrices visibles de persecuciones anteriores, reunidos para discutir estas cosas juntos.

Una vez establecida esta iglesia «universal» o «católica», dependía de los líderes de la iglesia y de los subsiguientes gobernantes romanos asegurarse de que no se desmoronara. Las instituciones que se establecieron eran bastante fuertes.

La Iglesia católica romana ha resistido la prueba del tiempo. La Iglesia católica sobrevivió a la caída del Imperio romano de Occidente, salvaguardando no solo el cristianismo, sino también las costumbres cívicas y la burocracia romanas. Si realmente se piensa en ello, la estructura de la Iglesia católica es en gran medida paralela a la estructura del antiguo gobierno romano.

El papa es esencialmente un emperador, y su gran número de cardenales en el Vaticano desempeñan básicamente el mismo papel que los senadores en el Senado romano. La Iglesia de Roma era tan fuerte que, incluso después de que los ejércitos bárbaros invadieran la «Ciudad Eterna», los bárbaros optaron por someterse al papa y convertirse ellos mismos al catolicismo en lugar de derrocar la institución.

Algunos de estos recién llegados ya se habían hecho cristianos antes de la caída de Roma. Los emperadores romanos llevaban mucho tiempo reclutando guerreros de las regiones circundantes, y muchos conocieron la fe cristiana mientras luchaban por Roma. Había muchos incentivos para que lo hicieran; por ejemplo, les convendría identificarse mejor con sus capataces romanos. Este primer contingente de conversos ayudaría mejor a la conversión de las posteriores oleadas de paganos.

Poco después de la caída de Roma en el 476 e. c., uno de los caudillos, un rey franco llamado Clodoveo, fue convencido para que abandonara sus creencias paganas y se convirtiera al cristianismo. Para demostrar lo extendido que estaba el cristianismo, su propia esposa, Clotilde, ya era cristiana antes de que Clodoveo cambiara de religión. Clodoveo tuvo sus propios problemas. Se enfrentaba a una guerra constante con las diversas tribus que habían descendido sobre la mitad occidental del Imperio romano, por lo que estaba siendo presionado por todos lados. Supuestamente, en medio de una feroz batalla, en la que temía que todo estuviera perdido, pidió ayuda al Dios cristiano.

En muchos sentidos, fue una repetición de la señal milagrosa que se dice que experimentó el antiguo emperador romano Constantino el Grande. Constantino estaba en medio de una batalla campal cuando supuestamente vio una cruz en llamas en el cielo. Lo tomó como una señal para confiar en Cristo, así que reunió a sus tropas y salió victorioso. De forma similar, Clodoveo vio lo que interpretó como una victoria sobrenatural, aunque no se sabe con certeza qué fue lo que vio.

Después de esto, aparentemente se sometió al cristianismo y al papa en Roma. No solo eso, sino que también ordenó a todos sus seguidores que hicieran lo mismo. Esta sería una tendencia continua en Europa occidental, que permitió a la Iglesia católica prosperar, a pesar de que el Imperio romano de Occidente estaba en ruinas.

Mientras tanto, el Imperio romano de Oriente, que se conocería como el Imperio bizantino, continuó prosperando. Constantino fundó la capital romana oriental de Constantinopla en el antiguo emplazamiento de la ciudad griega de Bizancio en Asia Menor (actual Turquía). El Imperio romano de Oriente continuaría durante bastante tiempo, con su propio emperador gobernando desde Constantinopla.

Aunque Occidente y Oriente estaban separados políticamente, su tenue conexión a través de la Iglesia católica se mantendría durante los siglos siguientes. Aun así, empezaron a surgir muchas diferencias. Estas diferencias eran tanto de naturaleza política como teológica. Por un lado, los emperadores romanos de Oriente en Constantinopla esperaban que el papa en Roma los reconociera como legítimos emperadores romanos.

Esto se convirtió en una perspectiva cada vez más extraña. Los bizantinos habían librado una guerra perdida contra los ostrogodos en Italia, y cualquier dominio imperial real sobre Roma era, en el mejor de los casos, efímero. Sin embargo, el emperador bizantino seguía queriendo que el papa lo reconociera como soberano, a pesar de que el emperador oriental no estaba cumpliendo su papel de protector de Roma o del papa. Tal relación estaba destinada a la ruina.

A pesar de cualquier afirmación en sentido contrario, los papas dependían cada vez más de los reyes amigos de occidente para obtener ayuda militar en lugar del emperador romano de oriente. Por ejemplo, en 754, los lombardos intentaron una invasión total de Italia. El papa pidió ayuda a un rey franco (francés) de occidente.

El llamado «Apóstol de Alemania», san Bonifacio, había sido amigo del rey Pipino de los francos, y esta amistad dio sus frutos cuando el rey

Pipino fue persuadido para detener el avance lombardo. No solo eso, sino que sus ejércitos también regalaron al papa en ejercicio, Esteban II, grandes extensiones de tierra que habían tomado en el centro de Italia, que se conocerían como los Estados Pontificios. Desde la caída de Roma, los papas habían aprendido a convertirse en maquiavélicos estrategas, equilibrando un poder sobre otro para mantenerse a flote.

Pero ahora, los papas se volvieron hacia los francos de Europa occidental. En 799, el papa León III fue casi golpeado hasta la muerte en la calle. Este papa, bastante desprotegido, llegó a la pragmática conclusión de que su relación con los francos debía ser vinculante. Así, en el año 800, el papa León III enfureció a los bizantinos coronando al rey Carlomagno de los francos como «emperador del Sacro Imperio Romano Germánico».

Carlomagno fundaría lo que más tarde se conocería como el «Sacro Imperio Romano Germánico», que comprendía la actual Alemania, la mayor parte de Francia y el norte de Italia. Y hasta que Napoleón lo derrocó, el Sacro Imperio Romano Germánico tuvo una larga serie de emperadores descendientes de Carlomagno.

En cualquier caso, en el año 800 e. c., cuando el papa coronó emperador a Carlomagno y lo nombró «defensor de la fe», el emperador romano de Oriente montó en cólera. Esta fue quizás la primera gran fisura entre las relaciones de Occidente y Oriente, aunque las diferencias teológicas ya estaban presentes. Tras esta ruptura de las relaciones políticas entre Oriente y Occidente, las diferencias teológicas comenzaron a enconarse. Estas diferencias no harían sino agravarse hasta desembocar en un «Gran Cisma».

Capítulo 4: El Gran Cisma (1054 e. c.)

Ocurrió aparentemente sin previo aviso un soleado día de 1054. El legado personal del papa, el cardenal Humberto, se encontraba en Constantinopla visitando el gran monasterio griego de Santa Sofía. Pero no estaba allí para presentar sus respetos, sino para exaltar los sentimientos. Al entrar en la iglesia, se acercó al altar y depositó sobre él una bula oficial de excomunión. Cuando el cardenal y sus colegas de Roma salieron de la iglesia, fueron seguidos por un sacerdote local que, al darse cuenta de lo que había sucedido, comenzó a rogarles que reconsideraran su decisión.

Sin embargo, el legado papal permaneció impasible y la excomunión se mantuvo. Pero, por repentino que pareciera, este terremoto teológico entre el Oriente y el Occidente cristiano ya se venía gestando desde hacía tiempo. Algunos han tratado de argumentar desde entonces que el Gran Cisma de 1054 fue similar a una reforma medieval. Pero hay que decir que lo que ocurrió en 1054 fue mucho más político que espiritual.

Aunque se pusieron de manifiesto algunas diferencias doctrinales bastante menores, la disputa clave fue sobre la soberanía y quién debía tenerla. La disputa implicaba a cuatro figuras que se disputaban diversas formas de poder: el papa de Roma, el emperador del Sacro Imperio Romano Germánico, el patriarca de Constantinopla y el emperador bizantino. Desde que el papa latino decidió coronar emperador al rey franco Carlomagno, se había ido creando una gran animadversión en torno al orden exacto del poder temporal y espiritual.

Para los bizantinos, el hecho de que el papa se volviera hacia Occidente y proclamara emperador a un gobernante occidental era una traición. Los bizantinos veían a Carlomagno como un indigno usurpador del título imperial y la decisión del papa de coronarlo como un terrible error. En la mente de los bizantinos, este acto era cismático.

En el siglo XI, la discordia política creada todos esos años antes proporcionó el telón de fondo perfecto para exacerbar ciertas tensiones teológicas. Oriente, por ejemplo, se había molestado porque Occidente había añadido la frase «y el Hijo» al Credo de Nicea. El credo tradicional se modificó para afirmar que el «Espíritu Santo» no solo procedía del «Padre», sino también del «Hijo».

Esta modificación fue menor pero importante al mismo tiempo. No todos los griegos estaban necesariamente en desacuerdo con la noción, pero se consideraba una adaptación no autorizada. El verdadero punto de discordia fue la autorización para editar el credo. Oriente estaba harto de que Occidente tomara todas las decisiones. Y cuando se supo que los griegos de los enclaves bizantinos de Italia estaban siendo obligados a acatar el credo latino, el patriarca de Constantinopla, Miguel Cerulario, tomó cartas en el asunto e insistió en que los católicos latinos de Constantinopla fueran obligados a utilizar la versión griega.

Los católicos latinos se negaron, y el patriarca griego tomó represalias cerrando sus iglesias. Todo esto llevó al papa a enviar a sus legados, encabezados por el cardenal Humberto, a Constantinopla en 1054 para ver si se podía llegar a algún compromiso. El intento de reconciliación no salió bien, así que el cardenal Humberto, que afirmaba tener autoridad otorgada por el papa, lanzó la bomba: la infame bula de excomunión.

Para no ser superado, y fiel a su estilo, el patriarca se dio la vuelta y excomulgó al papa León IX. Sin embargo, el papa ya había perecido en abril. Las noticias corrían lentamente en aquellos días, y sin que ambas partes lo supieran, el papa León había fallecido mientras el cardenal Humberto estaba ocupado excomulgando al patriarca griego en su nombre. Si León había muerto, ¿tenía Humberto autoridad para excomulgar al patriarca? Técnicamente, no, pero el daño ya estaba hecho. Occidente y Oriente ahora se veían mutuamente como herejes.

Este fue un movimiento impactante, pero tomaría algún tiempo para que la división directa de las dos ramas principales de la iglesia se sintiera. Entonces, ¿qué causó esta ruptura? A primera vista, parece que estos dos líderes religiosos discutían por cuestiones menores, como el uso del pan ácimo en la Eucaristía. Y aunque estas cuestiones eran importantes para ellos, probablemente no habrían causado un gran conflicto en la Iglesia. La mayoría de los historiadores creen que la cuestión más importante era quién llevaba la batuta.

Los papas occidentales querían mantener la supremacía papal, es decir, querían ser el máximo líder religioso. Pero el patriarca de la lejana Constantinopla no estaba de acuerdo.

El Gran Cisma continuaría creciendo y exacerbándose por problemas políticos. Mientras el Occidente cristiano se fortalecía política y militarmente, el viejo Oriente cristiano se debilitaba. Constantinopla se veía cada vez más amenazada por las tribus turcas de Anatolia (la actual Turquía).

Los turcos habían adoptado el islam varios siglos antes y sus caudillos se habían propuesto, más o menos, derrocar lo que quedaba del Imperio bizantino. Esta amenaza a la estabilidad del imperio llevó al emperador bizantino a suplicar ayuda al papa.

Sí, es realmente irónico que una de las raíces del Gran Cisma fuera el hecho de que el papa decidiera alejarse de Constantinopla en el año 800 e. c. en favor de fuertes gobernantes occidentales, como Carlomagno. Esto se hizo a partir de la realidad pragmática de que el emperador oriental ya no era capaz de defender la fe a la hora de la verdad.

Sin embargo, a finales del siglo XI, el emperador bizantino no solo no defendía físicamente al papa, ¡sino que suplicaba al papa que lo defendiera a él! Y su petición no cayó en saco roto. Debido a las súplicas del emperador bizantino y a los informes de que los peregrinos cristianos estaban siendo acosados en Tierra Santa, el papa Urbano II lanzó su famosa llamada a una cruzada en aquel fatídico año de 1095.

El Gran Cisma estaba en la memoria reciente, por lo que es probable que Urbano esperara reconciliar a la Iglesia y sanar la división. Y la posterior ayuda militar reunida por Occidente hizo que Oriente reconsiderara su alejamiento de Roma. Hasta la caída de Constantinopla en 1453, se hicieron muchos esfuerzos para arreglar las cosas. Hubo incluso algunas declaraciones de que se produciría una reunión de Oriente y Occidente. El más famoso fue, sin duda, el Concilio de Florencia.

Este concilio ecuménico tuvo lugar entre 1431 y 1449. Bajo una gran presión y la amenaza de ser invadida por los turcos otomanos, la Iglesia de Oriente aceptó a regañadientes los términos del Concilio de Florencia, y solo un obispo bizantino, Marcos de Éfeso, protestó por la decisión. Marcos, que más tarde sería aclamado como santo en la Iglesia ortodoxa, escribió una mordaz reprimenda de todo el intercambio.

En 1440, escribió una carta en la que rechazaba todo lo que representaba el Concilio de Florencia. La carta comenzaba con lo siguiente:

«De Marcos, Obispo de la Metrópolis de Éfeso: ¡Alégrense en Cristo!

A los que nos han atrapado en un cautiverio maligno —deseando llevarnos a la Babilonia de los ritos y dogmas latinos— no podían, por supuesto, lograrlo del todo, viendo inmediatamente que había pocas posibilidades de ello. De hecho, que era sencillamente imposible».

Marcos de Éfeso señala a continuación que, incluso después de todas las presiones y empujones, los católicos latinos solo pudieron llegar a una especie de compromiso chapucero que «se detuvo en algún punto intermedio». Marcos critica la torpeza de los compromisos entre los ritos griego y latino y considera que ambos enfoques carecen de todo valor. Lo compara con parecerse al «centauro» desparejado de los antiguos mitos. El centauro no era del todo humano, pero tampoco era del todo animal, y Marcos denunció el compromiso como una «falsa unión» que no era del todo latina, pero tampoco del todo griega.

Luego continuó diciendo: «Pero uno debe examinar de qué manera se han unido a ellos; porque todo lo que está unido a algo diferente está naturalmente unido por medio de algún punto medio entre ellos. Y así ellos imaginaron unirse con ellos por medio de algún juicio concerniente al Espíritu Santo, junto con expresar la opinión de que Él tiene existencia también del Hijo. Pero todo lo demás entre ellos es divergente, y no hay entre ellos ni punto medio ni nada en común».

Marcos puso de relieve la insensatez de transigir sobre qué lado del debate tenía razón. En su opinión, o los latinos tenían razón y los griegos estaban equivocados, o los griegos tenían razón y los latinos estaban equivocados. Para él, transigir sobre aspectos tan cruciales de la doctrina religiosa para afirmar que Oriente y Occidente estaban unidos, resolviendo de paso el Gran Cisma, era totalmente absurdo.

Marcos de Éfeso resumió sus pensamientos afirmando: «Si, entonces, los latinos no se apartan en absoluto de la Fe correcta, evidentemente los hemos aislado injustamente. Pero si se han apartado completamente [de la Fe] —y eso en conexión con la teología del Espíritu Santo, la blasfemia contra el cual es el mayor de todos los peligros— entonces está claro que son herejes, y los hemos cortado como herejes».

Evidentemente, san Marcos de Éfeso tenía una opinión muy dura de los hermanos ortodoxos de antaño, ¡diciendo que eran los católicos del Occidente latino los herejes y no los cristianos griegos del Oriente ortodoxo! Sentimientos como este, por supuesto, habían conducido a las infames excomuniones de 1054. Con ambos cañones teológicos disparando, Marcos de Éfeso descarga entonces completamente sobre sus oponentes teológicos, declarando:

«Si es cierto el dogma latino de que el Espíritu Santo procede también del Hijo, entonces es falso el nuestro, que afirma que el Espíritu Santo procede del Padre, y esta es precisamente la razón por la que nos separamos de ellos. Y si el nuestro es verdadero, entonces sin duda, el de ellos es falso. ¿Qué término medio puede haber entre dos juicios semejantes? No puede haber ninguno, a menos que fuera algún tipo de juicio adecuado tanto para uno como para otro, como una bota que se ajustara a ambos pies. ¿Y esto nos unirá?».

Para Marcos de Éfeso, la idea de que opiniones tan incompatibles pudieran unirse era a todas luces absurda, tan absurda como los centauros descritos en los antiguos mitos griegos. Sin embargo, a nivel oficial, la unión siguió adelante. Oriente aceptó la versión latina del Credo Niceno y la naturaleza de la autoridad papal. A cambio, el emperador bizantino esperaba que el papa convocara otra cruzada que pudiera evitar la destrucción de su reino.

Sin embargo, la ayuda militar prometida por Occidente llegó demasiado tarde. Solo hubo un intento poco entusiasta en 1444, cuando el papa reunió a unos veinticinco mil soldados para marchar contra los otomanos en los Balcanes en lo que se conoció como la cruzada de Varna.

Pero, a diferencia de los antiguos cruzados, que hicieron retroceder a los adversarios de la cristiandad oriental desde las puertas de Constantinopla y descendieron sobre la propia Tierra Santa, este contingente de aspirantes a cruzados no fue suficiente para detener al gigante otomano y fue derrotado estrepitosamente.

La luz del Imperio bizantino fue finalmente apagada por el Imperio otomano en 1453. Bajo la ocupación otomana, los sucesivos obispos de la Iglesia ortodoxa oriental renegaron por completo del Concilio de Florencia y de todo lo que este representaba. Las autoridades turcas consideraban ventajosa la división de la cristiandad occidental y oriental, pero también había un resentimiento latente por los términos del concilio, como expresó a gritos Marcos de Éfeso. Así que, a pesar de todos los esfuerzos en sentido contrario, el Gran Cisma permanecería intacto.

SEGUNDA PARTE:
Reforma y resistencia
(1100-1800 e. c.)

Capítulo 5: El cristianismo medieval (1100-1380 e. c.)

El periodo medieval se conoce a veces como la Edad Media. Se supone que este nombre significa una pérdida percibida de algunos de los conocimientos que se habían adquirido durante la época de mayor esplendor de la antigüedad. Pero decir que la Edad Media fue oscura y lúgubre, sin ninguna esperanza de iluminación, sería engañoso. En todo caso, los cristianos de la Edad Media seguían teniendo fe, y para ellos su fe lo era todo. Y su fe no era algo abstracto, sino un aspecto muy tangible de sus vidas.

Esto quedó demostrado el 27 de noviembre de 1095, cuando el papa Urbano II se presentó ante las masas y declaró que los cristianos debían «tomar la cruz» para defender los intereses cristianos en Oriente. Entre las razones aducidas para este llamamiento a las armas estaba ayudar al Imperio bizantino, que estaba siendo golpeado por las fuerzas islámicas, y proteger a los peregrinos cristianos que habían sufrido recientemente el acoso de los lugares santos.

Pero en la mente de muchos cristianos medievales había un objetivo mucho mayor, que corregiría lo que consideraban un gran error: arrebatar Tierra Santa a las fuerzas musulmanas. Jerusalén había caído en manos de las fuerzas islámicas en el siglo VII. A finales del siglo XI, los cristianos se unieron para recuperarla. Muchos de los que escucharon hablar a Urbano II llegaron a una conclusión: ¡Dios lo quiere!

Las celosas multitudes coreaban esta frase una y otra vez, y esta forma de pensar llevaría a cristianos europeos de todas partes a converger en Oriente Próximo para recuperar lo que creían suyo. Aunque los historiadores posteriores intentarían presentar a los cruzados como meros colonizadores, la cosa iba más allá. Las personas de mentalidad religiosa sentían que luchaban por Dios. Y una llamada a defender la fe podía despertar a gente de todas las clases sociales para que corrieran a unirse a la causa.

La mejor prueba de ello fue la llamada «cruzada popular», dirigida por un ministro laico y místico llamado Pedro el Ermitaño. Aunque la cruzada popular no se consideraba una cruzada oficial, sino más bien una turba enloquecida de fanáticos, esta oleada masiva de cristianos llegó a Levante antes que la primera cruzada (la que había sido sancionada oficialmente por el papa). Y los campesinos de la cruzada popular obtuvieron resultados absolutamente desastrosos.

Esta turba desorganizada (y eso es realmente lo que era el pueblo) no estaba en absoluto entrenada para la guerra. Sin embargo, recorrieron Europa causando estragos por doquier, hasta que llegaron a Constantinopla. El emperador griego se lavó rápidamente las manos y les permitió salir por la puerta trasera del Bósforo. Se abrieron paso por Anatolia hasta que fueron totalmente aniquilados por los turcos que los interceptaron.

Repetimos, esto no era un ejército profesional. Imagínese un puñado de aldeanos armados con horcas, palos y palas, y se hará una idea. Cuando los turcos se enfrentaron a este extraño grupo, con cimitarras hendiendo bastones de madera, debieron pensar que el mundo se había vuelto loco. «¿Quiénes eran estas personas? ¿Y por qué estaban aquí?» fueron probablemente algunas de las preguntas que se hicieron.

Por difícil que nos resulte comprenderlo hoy, estos celosos cristianos medievales estaban allí por su fe firme e inflexible en Dios. Es una fe que hoy nos puede parecer totalmente ajena e irracional, pero este tipo de fe implacable estaba muy presente en la Edad Media.

En cualquier caso, después de que la turba de Pedro el Ermitaño fuera diezmada, el primer contingente oficial de cruzados —oficial en el sentido de caballeros armados y soldados dirigidos por reyes, príncipes y barones— se dirigió a Constantinopla. Al llegar a las puertas de Constantinopla en 1097, el emperador bizantino consideró a este grupo como un verdadero ejército, por lo que hizo lo que pudo para coordinarse activamente con ellos y darles cabida.

Un grupo conjunto de cruzados y bizantinos recuperó la recientemente perdida ciudad bizantina de Nicea. Mientras recuperaban esta antigua ciudad cristiana, donde se acordó el Credo de Nicea hace tantos años, los bizantinos ayudaron a los cruzados, utilizando su armada para bloquear el cercano lago de Ascania, de modo que los ocupantes quedaran encerrados sin esperanza de recibir más ayuda.

Los cruzados y los bizantinos atacaron entonces a los musulmanes desde todos los flancos hasta que sus oponentes admitieron la derrota. Las banderas bizantinas volvieron a ondear pronto en Nicea, y el emperador bizantino tuvo que agradecer a los cruzados latinos la recuperación de su ciudad perdida. En este punto, las relaciones entre los cruzados y los bizantinos eran bastante buenas, tal vez incluso en su punto más alto, ya que los bizantinos estaban agradecidos por el apoyo. Ayudaron a los cruzados a alcanzar su siguiente objetivo: Antioquía.

La ciudad de Antioquía, situada en el extremo noroccidental de lo que se denomina Levante, es otro antiguo foco del cristianismo. El apóstol Pablo solía utilizar Antioquía como base para sus misiones en Grecia y Asia Menor. En octubre de 1097, los cruzados iniciaron el asedio de Antioquía. Sería un asunto largo y prolongado, ya que los cruzados tuvieron que atrincherarse durante el invierno. No pudieron tomar la ciudad hasta el año siguiente, en el verano de 1098.

Con la conquista de Antioquía, los cruzados comenzaron a negarse a cumplir sus promesas de devolver las tierras perdidas al Imperio bizantino. Antioquía había pertenecido a los bizantinos antes de que se la arrebataran los turcos. Sin embargo, los cruzados decidieron quedarse con Antioquía, iniciando lo que sería una tendencia, ya que forjarían su propio «Reino Cruzado» en Oriente Medio. Antioquía formaría parte del mayor Principado de Antioquía.

Los cristianos marcharon desde Antioquía y alcanzaron su objetivo final de Jerusalén en 1099. A su llegada, los cruzados no pudieron hacer gran cosa al principio, gracias a las inmensas murallas de la ciudad. Sin duda, el gobernador local confiaba en poder esperar a los invasores cristianos y aguantar lo suficiente para que llegaran refuerzos. Sin embargo, los recursos internos eran limitados y se estaban agotando.

Probablemente debido a la escasez de suministros, el gobernador decidió expulsar a todos los cristianos de la ciudad. Aunque se podría elogiar al gobernador por no haber masacrado a los cristianos, es probable que se diera cuenta de que echar a una gran población de civiles sobre los cruzados serviría de gran distracción y agotaría aún más los recursos de sus antagonistas.

Al fin y al cabo, los cruzados cristianos tenían el deber de proteger a los civiles cristianos. Pero dentro de este grupo de parásitos, los cruzados encontraron un verdadero diamante en bruto. Entre esta gentuza había un hombre conocido como el Beato Gerardo. Era el cuidador de un hospital local y afirmaba tener información privilegiada sobre cómo los cruzados podrían superar las poderosas murallas de Jerusalén.

Gerardo señaló las partes más vulnerables de las murallas e indicó a los cruzados la mejor manera de atravesarlas. Así se construyó una torre de asedio. Se colocó en una de las puertas y los cruzados pudieron atravesar las murallas. Se produjo una sangrienta batalla en la que cruzados y musulmanes lucharon por cada centímetro de la ciudad. Finalmente, los cruzados se impusieron y Jerusalén —o lo que quedaba de ella— fue suya.

Al final, el derramamiento de sangre que se produjo para obtener este premio fue escandaloso, incluso para la sensibilidad medieval. Sin embargo, fue la base de lo que se convertiría en los Estados Cruzados.

Ahora que los cruzados controlaban Tierra Santa, tenían que decidir qué hacer con ella. El primer problema acuciante era que las ciudades y otros puestos avanzados que controlaban carecían de personal suficiente. La población de Jerusalén, por ejemplo, vio como la mayoría de sus anteriores residentes eran exaltados o masacrados. La ciudad era una pequeña fracción de lo que una vez había sido. Había tal escasez de personal que muchas partes de las murallas de la ciudad quedaron sin vigilancia. Y la situación fuera de las murallas era aún peor.

Los cristianos que deseaban viajar a otros lugares santos se daban cuenta rápidamente de que se jugaban la vida al hacerlo. El peligro constante de ser asaltados por bandidos y otros agresores llevó a la creación de órdenes militares permanentes para proteger a la población civil.

Las más famosas serían los templarios y los hospitalarios. Inicialmente encargadas de salvaguardar a los peregrinos, las diversas órdenes monásticas de caballeros se convirtieron en las «fuerzas especiales» de la época medieval. Estos valientes caballeros daban su vida por una causa que (con razón o sin ella) creían más importante que su propia vida.

Los Estados Cruzados alcanzaron su apogeo en el siglo XII. Sin embargo, Jerusalén se perdió en 1187, cuando el poderoso comandante islámico Saladino logró apoderarse de la capital de los Estados Cruzados. A partir de ese momento, los Estados Cruzados entraron en decadencia.

Los cruzados intentaron recuperarse durante la tercera cruzada, lanzada en 1189. Este esfuerzo fue dirigido en gran parte por un rey de Inglaterra conocido como Ricardo Corazón de León. Ricardo haría notables progresos y recuperaría el terreno perdido, pero no llegaría a recuperar Jerusalén.

La suerte de los cruzados iría yendo y viniendo hasta 1291. Ese año, el último bastión cruzado en Tierra Santa —Acre— fue invadido. Y sí, un grupo de templarios, hospitalarios y sus auxiliares defendieron este último puesto de avanzada hasta el sangriento y amargo final.

Pero el 18 de mayo de 1291, Acre fue inundada por sus enemigos. Los defensores de la ciudad acabaron acorralados en la Casa de los Templarios, donde se posicionaron para su última resistencia. Entre ellos se encontraba gran parte de la población civil. Muchos otros habían huido de la ciudad antes de que fuera demasiado tarde, pero aún quedaban muchos civiles. Buscaron la seguridad de los templarios, los hospitalarios y otros caballeros, que juraron protegerlos.

El sultán se cansó del enfrentamiento y ofreció a los civiles un paso seguro siempre que depusieran las armas. Los caballeros sabían que la batalla estaba perdida y decidieron que así al menos podrían cumplir su promesa de proteger a los inocentes. Pero los relatos cuentan que, en cuanto sus antagonistas entraron en el recinto, empezaron a acosar sin piedad a las mujeres y los niños.

Furiosos y disgustados, los caballeros volvieron a coger sus espadas y expulsaron a sus enemigos de entre ellos, lo que provocó un nuevo enfrentamiento. Este último enfrentamiento solo terminó cuando los ingenieros del sultán intentaron abrir agujeros en los muros de la Casa de los Templarios para acceder a ella. Los explosivos eran demasiado potentes y dañaron gravemente los cimientos.

Se dice que inmediatamente después de que los muros se abrieran y las fuerzas enemigas entraran a raudales, toda la estructura se derrumbó, matando a todos los que estaban dentro. De un solo golpe, murieron los cruzados, los que estaban a su cargo y gran parte de sus oponentes. Fue una forma dramática de terminar las cruzadas.

Pero por muy importantes que fueran las cruzadas para el cristianismo medieval, no fueron la única historia de esta época. El Cisma de Occidente, que tuvo lugar en 1378, también fue de gran importancia. Este cisma no debe confundirse con el Gran Cisma de 1054, que separó a la Iglesia de Oriente de la de Occidente. Por el contrario, el Cisma de Occidente solo se produjo dentro de la Iglesia católica. Una serie de papas reivindicaron ser los soberanos de la Iglesia católica romana.

Las raíces de esta ruptura se remontan a 1309, cuando el papa Clemente V decidió trasladar su corte papal de Roma a la ciudad francesa de Aviñón debido a la inestabilidad política de la región en aquel momento. Sin embargo, sentaría un precedente y, durante las siguientes décadas, una sucesión de papas se instalaría en Aviñón en lugar de la «Ciudad Eterna».

En 1378, el papa Gregorio XI decidió establecerse en Roma, como los papas de antaño. El clero que se había hecho poderoso en Aviñón se resintió de este hecho, y empezaron a surgir amargas rencillas entre las camarillas francesa y romana. Esto preparó el terreno para una gran controversia, especialmente cuando el papa Gregorio XI falleció abruptamente ese año. El sucesor inmediato de Gregorio, Urbano VI, procedía de la ciudad italiana de Nápoles.

El clero francés se resintió cada vez más y decidió no reconocer los resultados de la elección papal que llevó al poder a Urbano VI. Se reunieron en Aviñón, donde celebraron sus propias elecciones y llevaron al poder al papa Clemente VII. Él presidiría la corte de Aviñón, Francia. Por supuesto, la Iglesia católica romana no podía tener dos papas, así que esto presentó un dilema obvio para la iglesia.

Increíblemente, esta situación persistió por cerca de cuarenta años, con un papa siendo elegido en Aviñón y otro en Roma. Ambos reclamarían legitimidad y tendrían su propio grupo de cardenales en sus propias cortes papales. Y ambas partes buscarían el reconocimiento de los diversos jefes de estado de toda Europa. En 1409 se intentó abordar esta caótica situación con el Concilio de Pisa.

Este concilio determinó que la única manera de que las cosas volvieran a la normalidad sería expulsar a los dos pretendientes actuales y declarar ilegítimos a los papas tanto de Aviñón como de Roma. Entonces podrían comenzar de nuevo. Y eso es precisamente lo que hicieron. La iglesia declaró que los dos papas eran falsos mientras nominaba a un tercero. Sin embargo, era más fácil decirlo que hacerlo, ya que los papas de Aviñón y Roma se negaron a dimitir.

En realidad, todo lo que el Concilio de Pisa pareció conseguir fue aumentar la confusión, ya que ahora tres papas se disputaban el poder. Los papas que no eran reconocidos por las otras facciones implicadas serían etiquetados como «antipapas», y el caos y la confusión continuarían durante algún tiempo.

La situación no se aclaró hasta 1414, cuando se celebró el Concilio de Constanza. El papa que había sido nombrado en el Concilio de Pisa —Alejandro V— había fallecido abruptamente y fue sustituido por el papa Juan XXIII. Cuando se celebró el Concilio de Constanza en 1414, el papa Juan XXIII había caído en desgracia. Estaba sometido a una gran presión y angustia, e incluso intentó escapar de sus superiores en 1415. Sin embargo, finalmente fue acorralado, arrestado y oficialmente destituido. Un antipapa menos; quedaban dos más.

El siguiente papa en ser destituido fue Gregorio XII de Roma. El pontífice romano vio las cosas claras y decidió que lo mejor para él era dimitir. Presentó su renuncia oficial ese mismo año. Benedicto XIII, el papa de Aviñón, intentó aguantar, pero fue destituido a la fuerza en julio de 1417, aunque continuó con su papado en el reino de Aragón (el único lugar que lo reconocía). Una vez sometidos todos los «papas», se celebró una nueva elección oficial. Martín V fue aclamado como el único papa de la Iglesia católica romana.

Después de todo este drama llegó a su fin, parece que la Iglesia católica aprendió muchas cosas en lo que respecta a las elecciones papales. Sin duda aprendió que cuanto más se cuestionan los resultados, más problemas se crean a largo plazo. En cualquier caso, a lo largo de los siglos posteriores, la mayoría de las sucesiones papales se desarrollaron sin problemas. Incluso si hubo problemas, no fueron ni de lejos tan controvertidos como el Cisma de Occidente y sus antipapas.

Curiosamente, el Concilio de Constanza, que fue fundamental para poner fin a esta locura, también sembró las semillas de futuros disturbios para la Iglesia católica y el cristianismo. Durante este concilio ecuménico, tuvo lugar la excomunión de un gran pensador espiritual llamado Jan Hus.

Hus tenía opiniones que no se correspondían con la doctrina oficial de la Iglesia católica. A diferencia de hoy, donde la gente suele ser libre de «aceptar las diferencias», en la época medieval, si se vivía bajo el dominio de la Iglesia católica, cualquier desviación de la fe no solo podía tachalo a uno de hereje, sino también llevarlo a la muerte. Hus fue ejecutado por lo que se consideraban creencias contrarias a la venta de indulgencias (la práctica de donar dinero a la Iglesia para poder «indultar» ciertas faltas o defectos morales percibidos).

Como veremos en el próximo capítulo, esta misma crítica constituiría una piedra angular de la rebelión de Martín Lutero contra la Iglesia católica. Además de criticar las indulgencias, Hus se oponía a muchas otras prácticas del clero e insistía en que el cristiano medio debía tener una relación más directa con Dios, sin necesidad de intermediarios. Hus pagó el precio más alto por su divergencia de pensamiento y fue quemado en la hoguera.

Pero los seguidores de Hus, los llamados «husitas», intentaron continuar sus enseñanzas. Esto daría lugar a las guerras husitas, en las que la Iglesia católica intentó aplastar por la fuerza el movimiento. Sin embargo, lo más importante es que Jan Hus y sus seguidores servirían de ejemplo y forjarían un modelo para lo que con el tiempo se convertiría en una reforma en toda regla de la Iglesia cristiana.

Capítulo 6: La Reforma protestante

En lo que respecta a la Reforma protestante, el acontecimiento más inmediato que probablemente nos venga a la mente es la acción de Martín Lutero clavando sus *noventa y cinco tesis* en la puerta de una iglesia de Wittenberg. Para muchos, este incidente parece cristalizar la llamada a las armas para romper con la Iglesia católica. Pero, en realidad, Martín Lutero difícilmente podía prever lo profundas que serían las consecuencias de su cuestionamiento religioso.

Porque sí, al fin y al cabo, eso era todo lo que Martín Lutero intentaba hacer: simplemente estaba clavando preguntas, argumentos y sugerencias en la puerta de la catedral, si es que ese suceso llegó a ocurrir, ya que no hay pruebas firmes que sugieran que así fuera). Pero, en cualquier caso, la imagen ha perdurado, y da lugar a algunas comparaciones divertidas con la actualidad, ya que Lutero era como un bloguero que publicaba sus pensamientos para que otros los vieran. Y las acciones de las personas influyentes pueden tener consecuencias mayores de lo que creen. Cuando Lutero colocó sus *noventa y cinco tesis* en la puerta de la catedral, no estaba tratando de romper con la Iglesia católica, sino simplemente de reformarla.

Las *noventa y cinco tesis* que clavó en la puerta eran 95 argumentos que quería plantear a la Iglesia católica, que, en su opinión, necesitaba una reforma seria. El primero de ellos era que la Iglesia debía poner fin a la venta de indulgencias. Las indulgencias fueron una práctica católica durante siglos. A los pecadores se les prometía que sus pecados serían de alguna manera anulados o «indultados» si donaban dinero a la iglesia.

Los católicos creían que el papa tenía el poder de reducir el tiempo que una persona pasaba en el purgatorio. Si una persona donaba dinero a la Iglesia, el papa podía indultarla a ella o a sus seres queridos y reducir el tiempo que pasarían en el limbo del purgatorio. Se creyera o no en la doctrina católica, la práctica se había vuelto bastante molesta para muchos. Aunque parte del dinero se destinaba a obras de caridad y hospitales, la mayor parte se destinaba a decorar las iglesias, que ya eran bastante suntuosas, o a los bolsillos de los funcionarios eclesiásticos.

Como se mencionó en el capítulo anterior, la venta de indulgencias ya había sido cuestionada por Jan Hus y sus husitas. Lutero ciertamente no fue el primero en preguntarse abiertamente si esta práctica se realizaba o no de manera apropiada.

Por supuesto, no hay nada malo en que las iglesias recauden dinero. Es lógico que las iglesias acepten donaciones, ya que ayudan a mantenerlas en funcionamiento y les permiten apoyar obras de caridad. Hoy en día, las iglesias de todas las denominaciones siguen recaudando dinero regularmente. Recogen dinero de los feligreses a través del plato de la colecta. Las megaiglesias pueden incluso organizar telemaratones en televisión para aceptar fondos de cualquiera que desee apoyar su ministerio.

La venta de indulgencias se utilizaba con frecuencia para construir y mantener iglesias. No era realmente el hecho de que las iglesias aceptaran donaciones lo que enfurecía a Lutero; era más bien la forma en que solicitaban esas donaciones. Los sacerdotes eran tan sistemáticos al respecto y hacían alarde de la idea de que la gente prácticamente podía comprar su salida del purgatorio, lo que molestó profundamente al monje alemán Martín Lutero.

Y así, este teólogo ambicioso y reflexivo quiso hacer algo al respecto. Lutero simplemente quería provocar un debate sobre las prácticas eclesiásticas vigentes y lo que se podía hacer para cambiarlas. Y ciertamente provocó un debate. Al día siguiente, se le pidió a Lutero que anulara la mayoría de sus argumentos.

Curiosamente, Lutero supuestamente había clavado sus argumentos en la puerta de la iglesia el 31 de octubre de 1517. Al día siguiente, el 1 de noviembre, era (y sigue siendo) una fiesta católica conocida como el Día de Todos los Santos. El 31 de octubre era la víspera de Todos los

Santos y, hoy, por supuesto, conocemos el 31 de octubre por otro nombre: Halloween.

Martín Lutero eligió el 31 de octubre porque era la víspera de Todos los Santos. Sabía que mucha gente pasaría por las puertas de la iglesia ese día y podría leer las notas que pusiera en la puerta. Lutero no era más que un hábil comerciante, que colgaba sus ideas en lo que era parecido a un tablón de anuncios cuando sabía que pasaría por allí un montón de gente.

Además de despotricar contra las indulgencias, los puntos clave de Lutero se referían a la naturaleza de la autoridad papal. También sostenía que uno se salvaba solo por la fe, sin necesidad alguna de buenas obras. Lutero argumentaba que las indulgencias eran erróneas ya que todo lo que uno tenía que hacer para salvarse era creer en Jesucristo; un campesino no tenía que pagar dinero a un sacerdote solo para tener una vida después de la muerte más fácil. La mayoría de los cristianos de hoy probablemente estarían de acuerdo con esta versión suavizada de las ideas de Lutero.

Pero Lutero también hablaba en términos generales de la Iglesia católica. Los católicos no creían que la fe fuera insuficiente; solo creían que era un proceso continuo. Se creía que algunos podían no haber quedado completamente bien con Dios en esta vida, y Dios tenía la gracia de darles una oportunidad en la otra vida purgando el proceso del purgatorio. Al igual que en el Libro de los Macabeos, que los católicos citaban a menudo y en el que los justos vivos rezaban por los muertos reincidentes, la creencia católica se basaba tanto en la fe y la penitencia en esta vida, como en la penitencia potencial en la otra.

Martín Lutero acabaría yendo al otro extremo, ya que deseaba eliminar la noción de que uno debe hacer alguna obra. En sus argumentos posteriores, llegó incluso a sugerir que el Libro de Santiago del Nuevo Testamento debía ser eliminado de la Biblia porque le ofendía el hecho de que Santiago proclamara: «La fe sin obras está muerta». Martín Lutero desairó más tarde a Santiago llamándolo nada más que una «epístola de paja».

Considerando el punto de vista católico en todo esto, es bastante comprensible por qué miraban a Lutero con tanto desprecio. Los católicos deben haber estado pensando: «¿Quién era este tipo que creía saber más que los demás? ¿Incluso mejor que el apóstol Santiago?»

En sus argumentos iniciales, Lutero se abstuvo de criticar directamente al papa. Culpó principalmente a sus subordinados. Lutero incluso declaró que estaba seguro de que el pontífice solucionaría los problemas que planteaba si los conociera. El papa pronto se enteraría de todo sobre Martín Lutero, y las acciones de Lutero tendrían consecuencias.

Independientemente de si se está de acuerdo o no con sus críticas teológicas, hay que reconocer la audacia de Lutero. En la época de Martín Lutero, no era común criticar abiertamente a la Iglesia de esta manera. Otros habían perdido la vida por críticas menos mordaces. Sin embargo, Lutero tenía un as bajo la manga. Tenía buenas relaciones con el gobernante local alemán, el elector de Sajonia, Federico el Sabio.

Para entender esta figura es necesario un poco de historia. Como se mencionó anteriormente en este libro, durante varios siglos existió un conglomerado de estados de Europa central y occidental conocido como el Sacro Imperio Romano Germánico. Aunque Martín Lutero era alemán, hablaba alemán y escribía alemán, el estado-nación de Alemania aún no existía. No existiría hasta 1871.

Durante la Reforma, Alemania formaba parte del Sacro Imperio Romano Germánico. Lo interesante del Sacro Imperio Romano Germánico es que había desarrollado un sistema de elección de sus emperadores. Por todo el Sacro Imperio Romano Germánico había electores que formaban un colegio que tenía la última palabra sobre quién se convertiría en emperador del Sacro Imperio Romano Germánico.

Si usted es estadounidense, probablemente le suene familiar la idea de que los electores formen parte integrante de una elección. No es casualidad. Los padres fundadores de Estados Unidos buscaron inspiración en todo el mundo cuando diseñaron el marco de funcionamiento del país.

En cualquier caso, en el Sacro Imperio Romano Germánico, estos electores ejercían un poder formidable y nadie quería caerles mal. Afortunadamente para Martín Lutero, estaba en el lado bueno del elector de Sajonia. Así que, por mucho que el papa hubiera querido quemar a Lutero como hereje, no se atrevió a hacerlo para no enfadar a este componente crucial del Sacro Imperio Romano Germánico. Y la importancia de Federico no hizo más que crecer cuando el actual jefe del Sacro Imperio Romano Germánico, Maximiliano I, falleció en enero de 1519.

El nieto de Maximiliano era el principal aspirante a ser el siguiente emperador del Sacro Imperio Romano Germánico. Pero, una vez más, aunque era el favorito, el cargo no era directamente hereditario. Carlos V aún tenía que asegurarse de recibir el apoyo suficiente de todos los electores para asegurar su asiento en el trono. Por esta razón, tanto Carlos V como el papa no querían arriesgarse a enemistarse con el benefactor de Lutero, el elector de Sajonia.

Y esta fue la verdadera razón del éxito de Lutero. Tenía un poderoso apoyo político que le aseguraba poder seguir diciendo lo que pensaba. Y cuando Lutero fue atacado por un prominente teólogo católico llamado Juan Eck, decidió contraatacar. Entabló un airado intercambio literario con Eck, en el que ambos se criticaron mutuamente.

En un momento dado, Lutero llegó a referirse a Eck como si no fuera más que «una prostituta irritada». Todas estas airadas palabras culminaron en un debate cara a cara en Leipzig en junio de 1519. Durante este debate, Lutero argumentó en contra de la infalibilidad del papa o de cualquier ser humano y, en su lugar, instó a los cristianos a depender de la palabra infalible de Dios.

El argumento de Lutero suena muy bien a primera vista. Básicamente estaba diciendo que no nos preocupáramos por la interpretación del papa, sino que abriéramos la Biblia y sacáramos nuestras propias conclusiones (al menos, los que sabían leer). Fue esta línea de pensamiento la que crearía una explosión de innumerables denominaciones protestantes, ya que casi todo el mundo tenía su propia interpretación de casi todo, desde cómo realizar un bautismo y la comunión hasta lo que realmente significaba ser salvo.

Estas diferencias de opinión acabarían desencadenando sangrientas persecuciones y guerras totales, no solo entre católicos y protestantes, sino también entre varias denominaciones protestantes que se enfrentaban para ver cuál era la «mejor» interpretación. Esta persecución religiosa llevó a los peregrinos a amontonarse en el *Mayflower* y dirigirse a Norteamérica. No fueron perseguidos por los católicos, sino por otros protestantes.

Así que, por muy nobles que pudieran haber sido los esfuerzos de Lutero, realmente estaba abriendo la caja de Pandora al invitar a personas distintas del papa y del clero capacitado a interpretar las Escrituras. El Concilio de Nicea se había celebrado siglos antes para crear una interpretación universal de las Escrituras y un credo universal, pero Martín hizo saltar todo por los aires cuando se dio libertad a sí mismo y a sus compañeros protestantes para interpretar las Escrituras de la manera que les pareciera.

Como había sucedido en los siglos I y II, asuntos que la Iglesia consideraba zanjados desde hacía mucho tiempo estaban ahora abiertos al debate. Incluso Martín Lutero, en sus últimos años, se enzarzaba en acaloradas discusiones con otros protestantes sobre el significado de las Escrituras. Así que, haciendo de abogado del diablo para la Iglesia católica, uno puede entender por qué los católicos podrían culpar a Martín Lutero de ser la fuente de todo este caos y confusión.

En cualquier caso, como era de esperar, Eck insistió en que se confiara en el papa, como cabeza de la Iglesia, como director supremo de la fe. Lutero discrepó, mencionando el Gran Cisma de 1054. Señaló que los griegos del Oriente ortodoxo habían sido felices durante siglos, y que no escuchaban al papa. Lutero seguía siendo sutil en su disidencia en este punto, pero en sus escritos privados, ya se refería al papa como el mayor enemigo de la cristiandad.

Una vez finalizado el debate, la reacción contra Lutero fue palpable. Muchas universidades empezaron a quemar sus obras y a castigar al audaz monje por sus declaraciones. El hacha cayó finalmente en 1520, cuando el papa envió una bula en la que encontraba cuarenta errores en las creencias de Lutero. Dio a Lutero sesenta días para presentarse personalmente en Roma y responder por ellos. Si Lutero se negaba a hacerlo, sería inmediatamente excomulgado.

A pesar de toda su arrogancia anterior, este era un momento sombrío y desesperado para Martín Lutero. Solo tenía tres opciones, y todas ellas tendrían consecuencias dramáticas. Podía optar por ir a Roma y arrojarse a los pies del papa suplicando perdón y prometiendo corregir el «error» de su conducta. Incluso si decidía hacer tal cosa, no había garantía de que su imagen quedara totalmente rehabilitada. Si Lutero se mostraba poco penitente y sumiso, el resultado probablemente no habría sido bueno.

Por supuesto, si se presentaba en Roma, le sacudía el dedo en la cara al papa declarando que era el anticristo, probablemente tampoco le habría ido muy bien. Finalmente, Lutero optó por la tercera opción: no fue a Roma.

Esta opción, por supuesto, significaba que, una vez transcurridos los sesenta días, sería oficialmente excomulgado de la Iglesia. Al decidir ignorar la citación, Lutero sabía que no habría vuelta atrás. Era considerado un enemigo de la Iglesia católica. Lutero no era de los que hacían las cosas a medias. Decidió que, si era el oponente del papa, se aseguraría de ser el mejor oponente que el pontífice hubiera tenido.

En cuanto pasaron los sesenta días, en lugar de lamentarse, Lutero lo celebró. Él y sus partidarios incluso encendieron una hoguera, arrojando a las llamas la bula papal y otros libros católicos. El papa respondió con más vigor el 3 de enero de 1521, declarando oficialmente la excomunión de Lutero y de todos sus seguidores.

Mientras tanto, el Sacro Imperio Romano Germánico había elegido triunfalmente a Carlos V, un católico acérrimo. Carlos V convocó la famosa Dieta de Worms y ordenó la presencia del monje renegado Martín Lutero. Lutero seguía gozando de la protección del elector de Sajonia, por lo que, aparte de otra ronda de condenas por parte de teólogos católicos, no había nada más que se le pudiera hacer. La Dieta de Worms se celebró el 17 de abril de 1521.

La reunión se celebró con gran fanfarria, y la gente se reunió desde kilómetros de distancia. Al principio, Lutero se sintió un poco agitado por los miembros de alto nivel de la dieta. Acabó pidiendo más tiempo para pensar cómo responder a las preguntas que se le presentaban. A Lutero se le concedió un día más para reflexionar y regresó el 18, visiblemente más relajado y dispuesto a jugar.

Aunque Lutero admitió que tal vez se había excedido un poco en su retórica, especialmente en lo que se refería a atacar personalmente a otros líderes religiosos, se mantuvo firme en los principios fundamentales de sus creencias. Lutero se las arregló para ganarse la antipatía del emperador del Sacro Imperio Romano Germánico, Carlos V. Pero Carlos era lo bastante cauto como para no disgustar al elector de Sajonia, así que se contuvo.

Carlos V no llegó a ordenar que se hiciera daño a Martín Lutero, pero sí declaró oficialmente su creencia personal de que Martín Lutero era un hereje. Aunque no se hizo ningún llamamiento oficial para apresar a Lutero, el hecho de que hubiera sido menospreciado por figuras tan importantes ponía en entredicho su seguridad personal, ya que cualquier justiciero católico podría decidir acabar con él.

Por ello, Lutero sabía que debía andar con mucho cuidado. Decidió esconderse en los amistosos confines del castillo de Wartburg e incluso cambió temporalmente su identidad por la de Junker Jörg o, como se traduciría en español, caballero Jorge.

Mientras tanto, los partidarios de Lutero en Wittenberg continuaron la reforma que Martín Lutero había iniciado. Otros líderes de la Reforma surgirían en otros lugares, como en Suiza con el ascenso de Ulrico Zuinglio en 1522. La forma inicial de protesta de Zuinglio podría parecer casi cómica, pero sirvió para demostrar algo. Simplemente dijo a sus seguidores que comieran «salchichas». La Iglesia católica tenía la tradición de no comer carne justo antes de la llegada de la Pascua (este periodo también se conoce como Cuaresma). Zuinglio quería abrir grietas en todo tipo de tradiciones católicas, así que empezó por esta. Uno casi puede imaginárselo gritando en voz alta: «El papa no quiere que comamos carne antes de Pascua, ¡así que comamos salchichas!».

Suena evidentemente absurdo, pero así es como el principal movimiento de Zuinglio hacia la reforma ganó fuerza. Y Zuinglio era muy serio acerca de sus creencias. Era lo suficientemente serio como para luchar por ellas. Este reformador protestante terminó pereciendo a la cabeza de un ejército literal en 1531. Si los católicos temían que se desatara el infierno si la gente se limitaba a interpretar las Escrituras a su antojo, este habría sido un momento perfecto para señalar con el dedo y declarar: «¡Se los dije!».

Los anabaptistas de Suiza también discutieron y llegaron a las manos sobre la forma correcta de bautizar. Se oponían a la práctica católica de bautizar a los bebés y estaban dispuestos a morir por ello. Muchos de ellos lo hicieron. La ciudad de Zúrich comenzó a tomar medidas enérgicas contra los anabaptistas, y en su persecución, muchos fueron acorralados y ahogados a la fuerza debido a la ira por la práctica del bautismo.

Muchos anabaptistas huyeron a Estados Unidos, donde fundaron comunidades. Sus descendientes aún mantienen sus tradiciones en las comunidades menonitas y amish.

Estos fueron algunos de los principales reformadores iniciales de la Reforma protestante, pero pronto seguirían más reformas, especialmente en Francia e Inglaterra.

Capítulo 7: La reforma religiosa en Francia e Inglaterra

Puede que la reforma de Francia llegara un poco más tarde que la de Alemania, Suiza y otras regiones, pero fue igual de poderosa. La Reforma francesa fue liderada por un predicador francés llamado Juan Calvino. Calvino era un poco más joven que Lutero en el momento de su ascenso a la prominencia, y es quizás su exuberancia juvenil lo que explica su voluntad de llevar las cosas mucho más lejos de lo que Martín Lutero se atrevió a hacer.

Martín Lutero había abierto cuidadosamente la puerta al cambio, y radicales como Calvino fueron los que entraron por ella. Juan Calvino comenzó su vida en la ciudad francesa de Picardía, al norte de París. Su familia era prominente, por lo que se aseguraron de dar a su hijo una buena educación. Lo enviaron a la Universidad de París, donde inicialmente se propuso estudiar Derecho. Tras la muerte de su padre, Calvino cambió de rumbo y decidió estudiar hebreo y griego.

Desarrolló sus habilidades en las dos lenguas principales de la Biblia, lo que le permitiría comprender mejor las intrincadas interpretaciones de las escrituras. Tras el estallido de la Reforma, Calvino comenzó a aplicar estos conocimientos a sus propias interpretaciones de la religión. En la década de 1530, Calvino se había entregado por completo a la causa de la reforma religiosa. Sin embargo, como líder de la disidencia religiosa, las cosas se pusieron demasiado difíciles para él en París, ya que el rey de Francia decidió oponerse a la reforma religiosa. Esto llevó a Calvino a huir a Basilea, Suiza.

Suiza, que había sido la plataforma de lanzamiento de Zuinglio, era ya un poderoso bastión para los reformadores. Calvino buscó refugio aquí, dirigiéndose a la ciudad protestante de Estrasburgo antes de establecerse en Ginebra. En Ginebra, en 1536, Calvino publicó su famosa obra, la *Institución de la religión cristiana*.

En ella, Calvino expone sus creencias. La principal de ellas era la idea de que el verdadero conocimiento de Dios solo podía obtenerse de la propia interpretación de la Biblia. Según Calvino, no se podía encontrar a Dios a través de la razón y la lógica, sino que se necesitaba una conexión personal con la palabra de Dios. Además, a diferencia de Martín Lutero, que a veces deseaba suprimir varios libros de la Biblia que no coincidían con sus propios puntos de vista, Calvino insistía en que todas las Escrituras eran sagradas y que no debía omitirse ninguna.

También hizo mucho más hincapié en el Antiguo Testamento que otros reformadores. Pero la creencia más famosa que desarrolló Calvino fue su idea de que todo estaba predestinado. Creía que Dios, siendo omnisciente, debía saber de antemano quién obtendría la salvación y quién daría la espalda a su creador. Esta teoría de que todo el mundo está predestinado a la salvación o a la condenación se conocería como «predestinación», y se convirtió en una creencia calvinista clave.

En muchos sentidos, la idea calvinista de la predestinación tiene sentido. Si Dios es un ser omnisciente y todopoderoso fuera del espacio y del tiempo, tiene sentido que sepa cómo se desarrollará todo. Sería como si uno de nosotros se sentara frente a una tira cómica y pudiera ver claramente el principio y el final de la misma.

Para algunos, esto crea un problema porque creen que niega el libre albedrío. Pero en realidad, solo depende de la interpretación individual. Un calvinista no cree que todos somos robots preprogramados que Dios puso en movimiento. Seguimos teniendo libre albedrío, y seguimos siendo nosotros los que tomamos decisiones. Pero Dios está literalmente fuera del espacio, del tiempo y de toda experiencia humana, así que los calvinistas creen que Él ya sabe lo que todos vamos a hacer.

Si profundizáramos aún más, podríamos encontrar escrituras que refuerzan este argumento. El Nuevo Testamento defiende la idea de que Dios sabía de antemano que Adán y Eva elegirían rebelarse contra Él, afirmando que Cristo era el «Cordero inmolado desde la fundación del mundo» (Apocalipsis 13:8).

En cualquier caso, cuando esta noción de que Dios sabía desde el principio quién haría qué se presentó a las masas, esta enseñanza causó bastante consternación y caos. Y no fue solo la gente fuera del redil calvinista. De repente, los calvinistas se consumieron completamente tratando de averiguar en qué lado de la balanza de la predestinación podrían estar. Emprendieron frenéticas y neuróticas búsquedas para averiguar si estaban destinados a salvarse o condenados a la perdición. Esta preocupación y temor causaron tanta consternación en el movimiento calvinista que hubo que tomar medidas para animar a todos los creyentes calvinistas a dejar de preocuparse por su predestinación y simplemente hacer todo lo posible por vivir una buena vida cristiana.

Sí, lo que debería haber sido el objetivo de todos los cristianos en primer lugar tuvo que ser cuidadosamente reintroducido a los calvinistas para que pudieran volver a dormir tranquilos por la noche. Esto hace que uno aprecie la admonición bíblica de «no te apoyes en tu propia prudencia» (Proverbios 3:5). Parece que cada vez que un gran pensador de la Reforma introducía una nueva y audaz interpretación de las Escrituras, las masas protestantes estallaban en caos, ya que estaban confundidas o preocupadas por cómo les afectaba esa creencia.

Cuando la confusión sobre la predestinación se disipó, Calvino pudo establecer una sólida jerarquía eclesiástica en Ginebra, con pastores, maestros, ancianos y diáconos. Se trataba del «cuádruple ministerio» que Calvino creía revelado por las Escrituras. En honor a Calvino, Ginebra pronto se convirtió en lo que se ha denominado una mancomunidad cristiana modelo. El éxito de Ginebra serviría de inspiración a otros, incluido el creciente movimiento protestante en Inglaterra.

Inglaterra era una bestia diferente cuando se trataba del sentimiento público y las actitudes de la realeza. El protestantismo había crecido en Inglaterra, pero la mayoría de los ingleses seguían siendo católicos. Y lo que es más importante, su rey, Enrique VIII, era un católico muy acérrimo. De hecho, el rey Enrique había sido apodado el «defensor de la fe» por el papa. Se ganó este título publicando escritos que arremetían contra Martín Lutero y condenaban la Reforma.

Enrique no tenía ningún problema con las creencias católicas hasta que la autoridad del papa le impidió mantener su estilo en lo que se refería a su vida personal. Enrique deseaba desesperadamente tener un hijo varón que lo sucediera en el trono. Su primera esposa, Catalina de Aragón, parecía incapaz de darle uno. Por lo tanto, Enrique deseaba la anulación. Como dictaba la tradición católica, tuvo que pedir permiso al papa.

Conceder la anulación no habría sido fácil para el papa, ya que la esposa de Enrique era la tía del emperador Carlos V del Sacro Imperio Romano Germánico. El papa sabía que, si concedía la anulación, tendría que hacer frente a la ira de Carlos V. Sin embargo, el papa no quería enfadar a ninguno de los dos monarcas. Intentó jugar con el reloj, sin dar una respuesta directa a ninguno de los dos. Pero a medida que el papa vacilaba, Enrique tenía más claro que no conseguiría lo que quería. Así que el rey Enrique comenzó a darle la espalda al papa.

La primera ruptura real se produjo en 1534, cuando el rey Enrique promulgó un edicto conocido como el Acta de Supremacía, que pretendía negar la autoridad del papa. Enrique se declaró a sí mismo la cabeza suprema de la Iglesia de Inglaterra. En otras palabras, Enrique había roto oficialmente con la Iglesia católica. Y cuando Enrique comenzó a alejarse del papado, reformadores ingleses, como Thomas Cromwell y Thomas Cranmer, empezaron a destacar al abogar por el cambio. Sin embargo, en su mayor parte, la Iglesia de Inglaterra era muy similar a la católica.

Sin embargo, Enrique tenía sus propios problemas. Se casó con otra mujer, Ana Bolena (en realidad se casaron en 1533, el mismo año en que Tomás Cranmer anuló su matrimonio con Catalina de Aragón). Su nueva esposa se mostró igual de incapaz de darle el hijo que tanto ansiaba. Enfurecido, Enrique se deshizo de su esposa y la hizo decapitar acusada de sedición. Enrique se casó entonces con una mujer llamada Jane Seymour, que tuvo éxito donde otras habían fracasado, dando a luz a un niño llamado Eduardo. Para gran pesar de Enrique, su amada Jane falleció poco después.

Aun así, el viudo Enrique no tardó en volver a casarse, esta vez con Ana de Cleves. Este matrimonio sería increíblemente breve. A los pocos meses, Enrique se echó atrás, utilizando sus nuevos poderes sobre la Iglesia y el Estado para anular este último matrimonio.

Enrique se casó entonces con una dama llamada Catalina Howard. Ella sería acusada de adulterio y perdió la cabeza. Y finalmente, Enrique se casó con Catalina Parr, que permanecería al lado de Enrique hasta su muerte.

El rey Enrique estaba horrorizado ante algunas de las reformas que estaban teniendo lugar en su propio patio trasero, y el viejo «defensor de la fe» decidió tomar partido contra las múltiples interpretaciones de las Escrituras que se estaban haciendo.

Emitió otro edicto, el Acta para el Avance de la Verdadera Religión. Al parecer, esta ley retomaba el viejo mandamiento bíblico de «inclinarse a su propio entendimiento», ya que establecía que debía haber límites sobre quién tenía acceso a las Escrituras para que la gente no anduviera por ahí desarrollando una multiplicidad de ideas.

Al igual que la Iglesia católica, Enrique deseaba asegurarse de que sus súbditos se atuvieran a la misma doctrina e interpretación en lugar de sacar sus propias conclusiones. El hecho de que el rey Enrique hubiera roto con el papa y aun así tratara de tomar medidas de control similares a las que la Iglesia católica había jurado durante siglos llevó a muchos reformadores protestantes a quejarse, comprensiblemente, de que las reformas no iban lo suficientemente lejos.

Pero tras la muerte del rey Enrique en 1547, los reformadores tendrían su oportunidad de remodelar la religión en Inglaterra. Como resultado, el país se volvería mayoritariamente protestante, especialmente bajo el reinado de Isabel I.

TERCERA PARTE:
Temas cristianos clave

Capítulo 8: Los santos católicos

La Iglesia católica es conocida desde hace mucho tiempo por su adoración a los santos. Es una fuente de gran orgullo para quienes se adhieren a la fe católica, aunque también suele ser motivo de burla para quienes no lo hacen. Los protestantes a veces se burlan de los católicos por rezar a santos muertos, pero los católicos se enorgullecen de creer que los venerables espíritus de los santos que han abandonado este mundo mortal pueden seguir siendo una fuente de bien en el mundo actual.

El primer gran santo de la Iglesia católica—al menos de los que están fuera del canon bíblico oficial– es sin duda el gigante teológico san Agustín de Hipona. San Agustín vivió en una época crucial, durante el siglo V, cuando el Imperio romano tradicional estaba en declive. Roma estaba amenazada por todas partes y, en un momento dado, incluso fue saqueada.

Agustín escribió su épica obra *La ciudad de Dios contra los paganos* para explicar por qué podían suceder tales cosas. A primera vista, el título de su tratado podría hacer pensar que Agustín promovía Roma como la ciudad de Dios. Pero no era así. Agustín instaba a los católicos a apartar sus ojos de Roma y mirar hacia la eterna «Ciudad de Dios», que aún no había sido experimentada por la humanidad.

Agustín fue fundamental en la formación de gran parte de lo que la Iglesia católica cristalizaría como su doctrina oficial. Curiosamente, Agustín tenía algo para los calvinistas posteriores que creían en la predestinación y los que los aborrecían porque parecía borrar el concepto de libre albedrío. Resulta que, allá por el siglo V, Agustín escribió que «Dios ordena todas las cosas preservando la libertad humana».

Sí, Agustín creía en la omnisciencia del conocimiento de Dios y en el albedrío de la libertad humana para cumplir lo que Dios esencialmente ya sabe. San Agustín tenía puntos de vista sobre el pecado original, la gracia y la naturaleza del mal, que serían muy influyentes en la Iglesia católica romana. Agustín también tenía algunas opiniones intrigantes sobre la naturaleza de Dios y el estado del tiempo y el espacio.

Agustín fue uno de los primeros en sugerir que Dios estaba literalmente fuera del espacio y del tiempo. Explicó la eternidad como un estado atemporal fuera del marco temporal humano tal y como lo conocemos. Agustín era, obviamente, un pensador profundo, y su mente sondeaba con frecuencia las profundidades de los mayores misterios de la existencia.

Pero, al fin y al cabo, Agustín sabía que ciertas preguntas no tenían respuesta, pero aun así no podía dejar de maravillarse. Nunca perdió su sentido de la maravilla ni su sentido del humor al considerar la naturaleza de la creación. En una ocasión, hizo la que quizá sea una de las mayores ocurrencias de cualquier gran teólogo católico.

Reflexionaba sobre la gente que se preguntaba qué hacía Dios antes de la creación. Sí, ¿qué hacía el creador del universo antes de la creación del universo? La idea parece irremediablemente incontestable e incluso absurda. *¿Qué hacía Dios?* ¿Podemos imaginarnos al Creador descansando y tomándoselo con calma?

Agustín tenía una gran respuesta a esta pregunta. Cuando le preguntaron qué estaba haciendo Dios antes de la creación, sugirió: «¡Preparando el infierno para los que curiosean demasiado!», como si hubiera un compartimento especial del purgatorio para la gente demasiado curiosa para su propio bien. Bromas aparte, Agustín era tan inquisitivo como el que más y se deleitaba reflexionando sobre los misterios con regularidad.

Otro santo católico muy influyente fue Tomás de Aquino. Tomás de Aquino estaba impregnado de su fe católica y había sido dotado de un poderoso sentido de la lógica y el razonamiento deductivo. Era seguidor del antiguo filósofo griego Aristóteles y trataba de aplicar la sabiduría de estos pensadores a su época.

Su afición a los filósofos de la antigüedad a veces le trajo problemas con sus colegas religiosos, pero en general se ha reconocido la genialidad de su síntesis. Lo interesante de Aquino es que creía que muchos aspectos de la vida podían resolverse mediante la razón. Sin embargo, reconocía que la lógica y la razón eran insuficientes para comprender los misterios más profundos de la vida, como la naturaleza de Dios y el origen del universo.

Aquino creía que, para las cuestiones más insondables, la lógica se quedaba corta y que solo la fe y la revelación divina podían bastar. Al reflexionar sobre el mayor de los misterios, Aquino también enumeró cinco afirmaciones positivas sobre la naturaleza de Dios. Aquino afirmó que «Dios es simple, sin composición de partes, como cuerpo y alma, o materia y forma. Dios es perfecto, no le falta nada. Dios es infinito y no está limitado como lo están los seres creados física, intelectual y emocionalmente. Dios es inmutable, incapaz de cambiar con respecto a su esencia y carácter. Dios es uno, de tal manera que la esencia de Dios es lo mismo que la existencia de Dios».

Aquino también argumentó sobre lo que él consideraba cinco pruebas racionales de la existencia de Dios. Una de sus más famosas fue la noción de que había un «movedor impasible». «Todo lo que se mueve es movido por un movedor, por lo tanto, hay un movedor inmóvil del que procede todo movimiento, que es Dios». Aquino vio el universo en movimiento y dedujo racionalmente que algo debió causarlo. En su mente, tenía sentido que el motor fuera el inmóvil, inmutable e inmóvil Dios.

Otra gran figura de la Iglesia católica fue San Francisco de Asís. San Francisco procedía de una familia acomodada y comenzó su vida como un buscador de comodidades materiales. Sin embargo, de joven llegaría a una encrucijada, ya que tendría visiones de Dios diciéndole que «reconstruyera la iglesia».

Francisco renunció a sus riquezas materiales y comenzó a vivir una vida de modestia monacal. Al principio tomó las órdenes que oía de reconstruir la iglesia como literales. En un momento dado, Francisco mendigaba en la calle piedras y otros materiales de construcción para ayudar a reparar una iglesia local en ruinas. Francisco fundó su propia orden de monjes y se dio cuenta de que su misión no era solo reconstruir un edificio, sino todo el entramado de la Iglesia católica romana.

Hay muchas anécdotas interesantes sobre la dulzura y la bondad de Francisco. Se lo conoce especialmente por su amor a los animales. Se dice que Francisco podía estar literalmente en comunión con la naturaleza. Se quedaba en el desierto predicando a los pájaros y a otras criaturas del bosque.

También hay una historia interesante sobre el ataque de un lobo a unos aldeanos. Los aldeanos querían cazar y matar a la bestia, pero Francisco supuestamente se acercó al lobo y calmó al animal con unas pocas palabras. A partir de entonces, el lobo fue tan manso como un perro y se convirtió en la mascota favorita del pueblo.

Mientras que gigantes de la teología como Agustín y Aquino son conocidos por sus tratados, Francisco es recordado y apreciado como un hombre que fue un ejemplo vivo de lo que debe ser un buen cristiano. A través de sus actos personales, demostró la gran profundidad del amor de Dios.

Capítulo 9: Expansión religiosa y alcance mundial

La expedición que condujo al descubrimiento europeo de América en 1492 tuvo a la religión como uno de sus catalizadores. España llevaba mucho tiempo librando una sangrienta Reconquista para recuperar territorios que antes habían sido tomados por ejércitos islámicos. En 1492, el último enclave musulmán de Granada fue conquistado por los españoles, poniendo fin a la Reconquista.

A la Reconquista siguió inmediatamente uno de los periodos más oscuros de la historia cristiana: la Inquisición. Había varias versiones de la Inquisición, pero las principales tuvieron lugar en España, Roma y Portugal. España sería en gran medida la zona cero de la intolerancia religiosa de la peor calaña.

Justo antes de la Reconquista, España era un crisol multicultural y multirreligioso de judíos, cristianos y musulmanes. Sin embargo, una vez que las potencias cristianas retomaron la península ibérica, estaban decididas a asegurarse de que el cristianismo fuera la religión incuestionable de la tierra. Los judíos, posteriormente conocidos como «conversos», fueron obligados a convertirse, al igual que los musulmanes, que fueron conocidos como «moriscos».

Pero al final, estas conversiones forzosas no fueron suficientes para las autoridades cristianas, que sospechaban que muchas de estas conversiones eran falsas. Así que, en 1492, se inició una inquisición—o investigación— para averiguar quién era cristiano y quién no. En la primera oleada de la Inquisición española, que se inició en 1492, judíos y conversos fueron objeto de despiadadas torturas, muertes y expulsiones masivas.

Los monarcas españoles Fernando e Isabel, responsables del inicio de la Inquisición española, financiaron a Cristóbal Colón para que zarpara en busca de un pasaje hacia Asia (como seguramente ya sabe, el dinero y los nuevos recursos también fueron catalizadores importantes del descubrimiento de las Américas). Sin embargo, Colón y su tripulación no buscaban las Américas, sino que tropezaron inadvertidamente con las islas del Caribe. Colón llegaría a su lecho de muerte pensando que había navegado hasta la India, pero pronto se daría cuenta de la enormidad del descubrimiento y lo explotaría.

Había quienes buscaban beneficios económicos en el Nuevo Mundo, pero también quienes buscaban ávidamente conversos. Pronto surgieron misiones por todo el Nuevo Mundo, y la doctrina católica, así como las lenguas española y portuguesa, se enseñaban enérgicamente a los habitantes. Los asentamientos del Nuevo Mundo comenzaron en el Caribe y luego se trasladaron a México, Centroamérica y Sudamérica.

Los europeos llevaron la cruz, la espada y las enfermedades a todas partes. Uno de los casos más dramáticos de conversión forzosa ocurrió durante el derrocamiento del Imperio azteca en México. Los aztecas tenían un sistema religioso que los conquistadores españoles consideraban espantoso. Y para ser justos, las prácticas religiosas aztecas también serían espantosas para la sensibilidad moderna.

A menos que le gusten los sacrificios humanos, probablemente no le habrá gustado lo que hicieron los sacerdotes aztecas. Los aztecas tenían una tradición muy arraigada: un sacerdote se situaba en lo alto de uno de sus majestuosos templos y arrancaba el corazón aún palpitante de una víctima sacrificada. La sangre de esta pobre víctima corría por la gran escalinata del templo para que todos la vieran.

¿Cuál era la razón de todo esto? Los aztecas creían que, si no realizaban sacrificios humanos a diario, el sol dejaría de salir y ponerse, y el mundo llegaría a su fin. Más concretamente, creían que un hambriento dios del sol llamado Huitzilopochtli necesitaba sangre fresca y corazones humanos para asegurarse de que el sol pudiera surcar los cielos sin obstáculos.

No está claro cómo y cuándo se convencieron de tal cosa. Tampoco sabemos con certeza con qué frecuencia se realizaban estos sacrificios.

Los aztecas eran una fuerza poderosa en la región y, en el momento de la conquista española, habían sometido a su dominio a casi todas las tribus vecinas. Se ha teorizado que, a medida que crecía el poder de los aztecas, los sacrificios humanos adquirieron no solo un significado religioso, sino también político o psicológico.

En cualquier caso, para cuando los españoles llegaron a la escena, los aztecas aparentemente sacrificaban gente con gran vigor, aunque es posible que los españoles vieran una o dos ceremonias y supusieran que los aztecas lo hacían a diario. Cuando los cristianos vieron algo así en la práctica, les resultó bastante fácil tachar a los aztecas de herejes de la peor calaña. Así que no es de extrañar que estos fanáticos religiosos de Iberia provocaran la caída de los aztecas e instauraran en su lugar un gobierno colonial católico.

Pero la conquista de los conquistadores quizá no sea tan dramática como a veces se presenta. La clave de su éxito fue derrocar a los dirigentes de los conquistados. La línea imperial azteca se había extinguido. Además, los dirigentes aztecas habían sido bastante despiadados con el pueblo sobre el que gobernaban. La vida del ciudadano medio no era fácil. Por ello, a los españoles les resultó bastante fácil convencer a la población, especialmente a la de las tribus rivales, de que la abolición de este gobierno que no les gustaba (y por el que no querían ser sacrificados) era lo mejor para ellos.

Si el gobierno azteca hubiera sido popular entre el ciudadano medio, cabría imaginar una guerra de guerrillas prolongada y una lucha mucho mayor. Pero no fue así. Tras la caída del gobierno azteca, algunos de los indígenas locales se pasaron a la religión de los españoles, el cristianismo. Quizá les ayudó en su decisión de abandonar su antigua fe el hecho puro y simple de que el mundo no se acababa.

Después de que los españoles pusieran fin a la práctica de los sacrificios humanos, quedó bastante claro para los indígenas que el sol seguía saliendo y poniéndose. También estaba claro que los líderes aztecas les habían mentido o estaban increíblemente engañados. Teniendo esto en cuenta, no es de extrañar que la nueva religión del cristianismo les pareciera atractiva.

Pero decir que todos los indígenas se inclinaron inmediatamente por el cristianismo sería falso. Muchos de ellos se resentían de la religión que se les había impuesto. También hubo algunos casos de rebeliones violentas contra las autoridades religiosas. La forma más común de rebelión era mucho más sutil y consistía en fusionar las creencias indígenas con el cristianismo.

La mejor prueba de esta fusión de culturas fue probablemente la visión de la Virgen de Guadalupe. Alrededor de 1531, en Ciudad de México, algunos habitantes vieron supuestamente a la Virgen María. En lugar de burlarse, las autoridades católicas locales quedaron impresionadas. Creyeron en la absoluta sinceridad de quienes les hablaron de la visión, y esta se convirtió en un milagro consagrado de la Iglesia católica. Al frente de gran parte de las iniciativas religiosas en el Nuevo Mundo estaban los jesuitas. Los jesuitas fueron fundados por el visionario y místico san Ignacio de Loyola y estaban decididos a establecer misiones en todo el Nuevo Mundo, que servirían como focos de la fe. Los primos ibéricos de los españoles, los portugueses, también hicieron grandes esfuerzos por convertir a los nativos.

Los portugueses no solo fundaron Brasil en Sudamérica, sino también varios puestos avanzados en África y Asia. Los portugueses navegaron hasta la India en 1498, declarando que iban en busca de «especias y cristianos». Puede parecer una afirmación un tanto extraña, pero muchos europeos habían oído rumores de la existencia de comunidades cristianas en Extremo Oriente, y estos exploradores portugueses deseaban encontrarlas.

Y encontraron una pequeña comunidad aislada de cristianos que supuestamente se remontaba a los esfuerzos del apóstol Tomás, que supuestamente viajó a Extremo Oriente. Los portugueses establecieron un puesto de avanzada en la India llamado Goa. Este se convertiría en un puesto de comercio y una base de avanzada para la difusión del catolicismo.

Los jesuitas también desempeñaron un papel importante en Goa, ya que el misionero jesuita Francisco Javier llegó al lugar a principios del siglo XVI. Francisco trabajó con un grupo de lugareños conocidos como los paravas, que vivían en comunidades pesqueras de la costa. Este grupo había visto conversiones masivas y mostró interés desde el principio. Javier trabajó para aumentar su comprensión de la fe católica, enseñándoles el uso adecuado de los sacramentos y el Credo de Nicea. Los esfuerzos de Javier tuvieron bastante éxito, y continuó su labor en Sri Lanka y, finalmente, en Japón.

Los esfuerzos misioneros de los católicos fueron realmente agresivos durante este periodo, pero los protestantes no quedarían sin respuesta.

Sin embargo, su enfoque sería marcadamente diferente. El alcance misionero protestante a menudo funcionaba aparentemente a la inversa del católico.

Mientras que los misioneros católicos solían contar con el respaldo oficial del Vaticano y de sus gobiernos nacionales, los protestantes solían huir de sus gobiernos. Algunas de las primeras colonias norteamericanas se fundaron en un intento de establecer sociedades religiosas libres del control de la Corona inglesa. Algunos incluso se referían a estos puestos avanzados como «ciudades brillantes sobre una colina», en referencia a las palabras de Cristo en el Nuevo Testamento, que comparaba a los cristianos con algo parecido: una luz para que todo el mundo la viera y tomara como modelo.

En la década de 1630 llegó a Norteamérica un grupo de puritanos, llamados así por su idea de mantener la pureza, la fidelidad a la fe y a las prácticas religiosas. Buscaban la libertad religiosa y llegaron en masa; algunos historiadores lo han llamado el «enjambre de los puritanos».

Como estaban lejos de Inglaterra y de su control, pudieron establecer su propia versión de la sociedad, a la que llamaron la «Santa Mancomunidad». El primer gobernador de esta mancomunidad, John Winthrop, fue quien acuñó la famosa noción de que América era una «ciudad brillante sobre una colina». Winthrop pasaría a la historia por afirmar: «Debemos considerar que seremos como una ciudad sobre una colina, los ojos de todo el pueblo están puestos en nosotros».

Estos peregrinos religiosos sabían que todo el mundo estaba pendiente de su pequeño proyecto y que de ellos dependía que tuviera éxito. Los puritanos vivían y respiraban las Escrituras, y se comparaban a sí mismos con los «hijos de Israel», una referencia al Antiguo Testamento de la Biblia, con quienes Dios había hecho un pacto. Los puritanos sentían que el Todopoderoso les había otorgado una carta especial para establecerse en una nueva tierra.

Por supuesto, debemos recordar que esta tierra ya estaba habitada. Pero a diferencia de la brutal conquista de los conquistadores, estos peregrinos religiosos no tomaron inicialmente sus tierras mediante la violencia. Ciertamente hubo conflictos en esta primera etapa de la colonización, pero no fue a la escala de lo que se estaba haciendo en México, América Central y del Sur. Estos peregrinos religiosos no estaban empeñados en conquistar pueblos. No vinieron a Norteamérica para eso.

La opresión a gran escala de los nativos americanos en Norteamérica no se produciría hasta que se estableciera una estructura de gobierno oficial y se trajeran ejércitos permanentes, que poco a poco empujarían a los nativos americanos hacia el oeste. La siguiente oleada de peregrinos religiosos procedentes de Inglaterra, los cuáqueros, eran aún más pacifistas que los puritanos.

A finales del siglo XVII, liderados por William Penn, este grupo de buscadores de libertad religiosa acabaría fundando Pensilvania. Es bien sabido que William Penn mantenía excelentes relaciones con las tribus nativas americanas vecinas. En línea con las creencias cuáqueras, Penn creía que todos los seres humanos tenían una chispa de Dios en su interior, algo que los cuáqueros llamaban la «luz interior de Dios».

En ese sentido, todos estaban naturalmente unidos como hermanos de la creación. Y no es casualidad que Penn llamara «Filadelfia» a la capital de lo que se convertiría en Pensilvania. Era una referencia a la antigua ciudad griega del mismo nombre, pero el significado del nombre también refleja los valores de Penn. La traducción griega de «Filadelfia» es «ciudad del amor fraternal»

Tras el fallecimiento de Penn en 1718, las relaciones empezaron a resquebrajarse y estallaría una larga y triste historia de derramamiento de sangre y opresión. Lo interesante de William Penn y los cuáqueros es que mostraban un sorprendente grado de tolerancia religiosa. Aunque se tomaban muy en serio sus creencias personales, no creían en imponerlas a los demás. Los cuáqueros pensaban que, para aceptar las verdades religiosas, había que aceptarlas por voluntad propia; no se podían imponer a la fuerza.

Así que, a diferencia de los puritanos, empeñados en «purificar» las creencias religiosas de los demás, los cuáqueros invitaban a todo tipo de confesiones religiosas a vivir en sus comunidades. Los fieles cuáqueros habían sido perseguidos en Inglaterra (y lo fueron en cierta medida en el Nuevo Mundo), por lo que sabían lo importante que era la tolerancia religiosa.

Una de las confesiones perseguidas en Europa que encontró refugio en Pensilvania fue la de los anabaptistas de habla alemana. Más tarde se los conocería como los holandeses de Pensilvania.

Francia, mientras tanto, seguiría siendo incondicionalmente católica, aunque, en el siglo XVIII, existía un movimiento cada vez más popular conocido como deísmo. Los deístas creían que debía existir algún tipo de poder superior, pero consideraban que las pruebas de este ser supremo estaban al alcance de todos simplemente observando la propia naturaleza. Incluso antes de que se conociera la «teoría del Big Bang», los deístas estaban convencidos de que el universo no podía haber surgido de la nada y que debía haber un agente creador detrás. Es una lógica simple pero profunda. Existimos; por tanto, tiene que haber algo que nos haya hecho existir.

Sin embargo, los deístas no creían en lo que denominaban «religión hecha por el hombre». Los deístas trataron de derribar lo que consideraban construcciones artificiales, hechas por el hombre, al considerar a esta deidad omnisciente. Los deístas buscaban ampliar los horizontes de la fe convencional. A menudo se ha dicho que el movimiento hacia el deísmo podría haber sido una consecuencia directa de los anteriores viajes misioneros a lugares remotos del planeta.

Cuando los misioneros cristianos intentaron «iluminar» a diversos pueblos de otras religiones, algunos de estos misioneros salieron del intercambio como los que recibían la iluminación. En otras palabras, las ideas religiosas y místicas de otras religiones empezaron a convencer a algunos cristianos de que había verdaderos núcleos de sabiduría en otras creencias. Y si otros credos podían ser tan sabios, ¿no era eso una prueba de que el creador se había mostrado de innumerables maneras a innumerables personas de todo el mundo? Ese era el tipo de preguntas que se hacía un deísta.

En lugar de creer en la escritura del Nuevo Testamento que afirma que el camino al cielo (la iluminación) es estrecho, los deístas empezaron a creer que la iluminación estaba esencialmente en la cima de una montaña. Y había varios caminos sinuosos que podían llevar a uno a la cima. El escritor francés Voltaire fue un famoso defensor del deísmo y, tras la Revolución francesa, muchos intelectuales franceses se hicieron deístas. El famoso general convertido en dictador Napoleón Bonaparte era conocido por sus creencias deístas.

En Norteamérica, en el siglo XVIII, se estaba produciendo un renacimiento religioso con John Wesley y sus metodistas. Los metodistas, al igual que los puritanos y los cuáqueros, no dieron nombre a su propio movimiento. Al igual que sus predecesores, sus nombres comenzaron como epítetos burlones que les daban sus oponentes. Quienes no apreciaban los esfuerzos de Wesley y sus seguidores los llamaban sarcásticamente «metodistas» porque Wesley había prescrito métodos para la oración, el ayuno, la alabanza y todo lo demás.

Y al igual que muchas otras religiones ridiculizadas, los metodistas tomaron lo que significaba un insulto y lo llevaron como una insignia de honor. Sí, llegarían a sentirse orgullosos de su peculiar metodología y trataron de difundir sus nociones metodistas por todas partes. En 1784 se hicieron grandes progresos cuando Wesley nombró obispo a un hombre llamado Thomas Coke.

Por la misma época, el apasionado evangelismo de Henry Alline se hizo notar en el norte de Canadá. Alline hablaba con el corazón, y su fervor evangélico se conocería como evangelicalismo.

El evangelicalismo se oponía a lo que se consideraba la fría lógica y el razonamiento de movimientos anteriores, como los calvinistas y los puritanos. Este movimiento se centraba más en las experiencias personales y la conexión con Dios que en el razonamiento metódico. Los evangélicos de Alline pronto se extenderían más al sur, y el llamado «movimiento evangélico» se convertiría en uno de los hilos conductores del tapiz del cristianismo estadounidense. Se ha afirmado que la Revolución estadounidense se inició justo cuando el movimiento evangélico cobró fuerza. Se ha sugerido que los llamamientos evangélicos a la libertad de expresión fueron otro factor que estimuló la causa para romper definitivamente con Inglaterra.

Todos estos movimientos religiosos en Norteamérica comenzaron con la libertad religiosa en mente, y estarían en una posición privilegiada después de que la Revolución estadounidense llegara oficialmente a su fin en 1783. Todos estarían preparados y listos para un mayor crecimiento religioso cuando comenzara el nuevo siglo en 1800.

CUARTA PARTE:
El cristianismo moderno
(1800-actualidad)

Capítulo 10: Las múltiples caras del cristianismo y la separación de la Iglesia y el Estado

Aunque en diversas épocas las figuras de autoridad cristianas han intentado suprimir nuevas corrientes de interpretación, siempre ha existido una multiplicidad de rostros de la fe cristiana. Esta posibilidad de múltiples interpretaciones ha sido siempre una fuente de fuerza y una fuente de conflicto en la Iglesia cristiana.

Durante los siglos I y II, los puntos de vista religiosos eran extremadamente diversos. Esta diversidad llevaba a menudo a la confusión. Si casi todas las sectas tenían una visión diferente de la divinidad de Cristo, ¿en qué había que creer? El deseo de uniformidad de la fe y de una Iglesia llamada «universal» o «católica» llevó al emperador Constantino a convocar el Concilio de Nicea, en el que se encapsuló una doctrina estándar y uniforme en el Credo de Nicea.

El credo fue el pegamento que mantuvo unidas las creencias cristianas durante siglos, con una única gran grieta en 1054, cuando la Iglesia de Oriente y la Iglesia de Occidente se separaron. La Iglesia occidental mantuvo la fe unida hasta que un monje alemán llamado Martín Lutero hizo un llamamiento a la reforma. Sus enseñanzas sobre la reforma y, sobre todo, la justificación solo por la fe, conmocionaron a la Iglesia católica.

La Reforma dio lugar a nuevos grupos de creencias cristianas. Al principio, los protestantes procedían principalmente del extremo norte de Europa. Es interesante observar que los bastiones más antiguos del catolicismo en el sur de Europa, como España, Portugal, Francia e Italia, seguirían siendo católicos, mientras que los países que se habían convertido más recientemente al cristianismo en el extremo norte (basta pensar en los vikingos nórdicos de Escandinavia) fueron los más rápidos en cambiar del catolicismo al protestantismo.

Se desarrollaron muchas caras del cristianismo, que pronto se establecieron en el Nuevo Mundo y más allá, y la expansión cristiana alcanzó un nivel global. Aunque México, Centroamérica y Sudamérica serían los «beneficiarios» de un programa de conversión masiva al catolicismo, Norteamérica siguió siendo un interesante experimento de diversidad religiosa. América del Norte no tendría una religión cristiana predominante, sino que albergaría una variedad de confesiones cristianas.

La gran diversidad de creencias religiosas en Norteamérica llevó a los padres fundadores de lo que se convertiría en Estados Unidos a hacer de la libertad religiosa un principio importante de la Constitución. La idea de que el gobierno no debía infringir las creencias personales de cada uno llevaría a Estados Unidos por el camino de lo que se conocería como la separación de la Iglesia y el Estado.

Thomas Jefferson, uno de los padres fundadores que redactó la Declaración de Independencia, consideró la larga historia de conflictos por diferencias religiosas más bien triviales. Afirmó célebremente que las creencias religiosas del individuo «ni me roban el bolsillo ni me rompen la pierna» (traducción literal). En otras palabras, mientras la religión se mantuviera en el sector privado y la ley estatal se mantuviera al margen de la religión, el gobierno podría limitarse a ser un administrador capaz y justo. Y mientras nadie infringiera los derechos de otra persona y respetara las leyes de la nación, se le debería permitir a uno tener sus propias creencias personales.

Esta corriente de pensamiento se plasmó en la Primera Enmienda de la Constitución estadounidense, que, además de garantizar la libertad de expresión y otras libertades, insistía en la libertad religiosa. A diferencia de muchos de sus predecesores europeos, en Estados Unidos no habría una religión nacional establecida. Sin embargo, para un país de raíces cristianas, no siempre era fácil encontrar el punto óptimo de neutralidad.

En un esfuerzo por encontrar una base más neutral, muchos de los padres fundadores se inspiraron en las antiguas Grecia y Roma. Por esta razón, muchos aspectos de la capital estadounidense reflejan los símbolos cívicos de la antigüedad, ya que eran en gran medida un medio de alejarse de los aspectos polarizadores de la religión. Estos símbolos, por supuesto, son anteriores al cristianismo y pueden considerarse neutrales o incluso ambiguos.

Basta pensar en el reverso de un billete de un dólar estadounidense. No hay cruces ni otros símbolos religiosos, sino simbología vaga, como pirámides, obeliscos y águilas. Y en contra de la creencia popular, la frase «In God We Trust» (En Dios confiamos) se ha añadido recientemente a la moneda estadounidense. La frase fue aprobada bajo la administración Eisenhower y no apareció en el papel moneda hasta 1957.

Se dice que esta frase se inspiró en gran medida en el fervor religioso de la época de la Guerra Fría. Era una época oscura y aterradora, en la que la gente temía que se desencadenara un holocausto nuclear en cualquier momento. Como suele ocurrir en tiempos tan oscuros, la religión fue una gran fuente de consuelo.

Aunque la mayoría de los estadounidenses aprueban o no les importa la declaración, ha habido algún disidente La gente afirma que la inclusión de tal lema en la moneda gubernamental es una clara violación de la separación entre Iglesia y Estado. Curiosamente, en defensa oficial de la frase se ha invocado la noción de «deísmo ceremonial». Esto implica el argumento de que las referencias vagas a una deidad superior están permitidas siempre que se hayan eliminado todas las afiliaciones religiosas distintivas. Así, se puede hablar de Dios siempre que no se especifique demasiado la naturaleza de la deidad invocada. Cada estadounidense es libre de crear su propia interpretación y ver a la deidad invocada a través de su propia lente teológica.

En cualquier caso, la separación de Iglesia y Estado fue defendida por Thomas Jefferson, que llegaría a ser elegido tercer presidente de Estados Unidos. Ocupó el cargo de 1801 a 1809 y ayudó a asegurar que continuara la tendencia a la separación de la Iglesia y el Estado, que él había previsto durante mucho tiempo.

Capítulo 11: Conformistas cristianos y conspiraciones del siglo XIX

El siglo XIX fue sin duda un siglo de cambios, a medida que se producían avances en la ciencia, la tecnología y la comprensión cultural, que moldearon las últimas corrientes del pensamiento religioso. Después de todo, el siglo XIX fue el siglo que vio el ascenso de Charles Darwin y las subsiguientes creencias ateas que le seguirían. Los ateos trataron de describir el advenimiento del universo como el producto de la evolución natural sin un diseñador inteligente detrás, aunque hay que señalar que Darwin nunca se consideró ateo.

Los cambios en el pensamiento dominante en el siglo XIX siguen teniendo ramificaciones en el discurso religioso hasta nuestros días. Aunque no todo el mundo creía en la evolución en aquella época (e incluso hoy), el siglo XIX promovió un fuerte secularismo cristiano. El cristianismo se consideraba en términos más simbólicos y generales que en el pasado.

Por supuesto, todavía había muchos literalistas, pero en el siglo XIX la secularización alcanzó por primera vez una gran popularidad. Tras el final de las guerras napoleónicas en 1815, gran parte del Occidente cristiano cambió. Las tierras protestantes del norte de Europa y de Norteamérica empezaron a liderar reformas religiosas aún más profundas.

En ese mismo fatídico año de 1815, se nombró al primer obispo evangélico de Norteamérica. Los evangélicos de esta época empezaron a apartarse de los debates teológicos y la doctrina religiosa, centrándose más en las formas de mejorar la sociedad. En contraste con la aversión de Martín Lutero al énfasis en las «obras», esta nueva corriente de evangélicos había llegado a estar de acuerdo con las palabras del apóstol Santiago todos esos años atrás cuando afirmó enfáticamente que «la fe sin obras está muerta».

Los cristianos evangélicos del siglo XIX lideraron la creación de obras de caridad, como orfanatos, escuelas, ayuda a los pobres y tratamiento a los enfermos. Estos esfuerzos se cristalizarían con la formación de la Sociedad de la Paz en 1828, que defendió muchas de estas causas. Parece que se tomó la decisión de alejarse de los debates teológicos y, en su lugar, predicar con el ejemplo.

Más imperativo aún, muchos llegaron a creer que incumbía a los cristianos hacer que la Tierra se pareciera un poco más al cielo. Los cristianos debían trabajar para establecer el reino de los cielos en la Tierra en el presente, para que estuviera listo y esperando a Cristo cuando regresara. Eran objetivos muy elevados para la Iglesia del siglo XIX, pero muchos estaban ansiosos por verlos cumplidos.

Algunos eran más militantes que otros, y algunos incluso crearon su propio «ejército». Este fue el caso del evangélico británico William Booth, que fundó el Ejército de Salvación. El Ejército de Salvación era una organización benéfica dedicada a la ayuda a los pobres y la mejora de la sociedad. Hasta el día de hoy, los campaneros del Ejército de Salvación piden donativos en las esquinas y a veces se les puede ver ataviados con uniformes de estilo militar.

En este punto, Norteamérica, en particular, tenía un problema peculiar. Aunque se estaban llevando a cabo buenas obras, ni siquiera el más obtuso de los cristianos evangélicos podía dejar de reconocer las terribles malas obras que estaban en marcha en el mundo occidental en forma de esclavitud. Si Cristo iba a venir, pensaban que no volvería a un país donde se practicara la esclavitud.

Muy pronto, los evangélicos lideraron la causa para abolir la esclavitud de una vez por todas. Los evangélicos británicos lo consiguieron antes que sus homólogos estadounidenses. Gran Bretaña había abolido la esclavitud en todo su imperio (incluido Canadá) en la década de 1830. Estados Unidos tardaría otros treinta años en hacer lo mismo. Lo interesante del movimiento evangélico y del deseo de abolir la esclavitud es que los sentimientos estaban divididos en Estados Unidos.

En Gran Bretaña, los evangélicos presentaron un frente unido contra la esclavitud. Pero en Estados Unidos, los evangélicos del Norte y los del Sur estaban divididos. Mientras que el Norte producía un sinfín de abolicionistas cristianos, los sureños, profundamente apegados a la cultura esclavista, se mostraban mucho más reacios a implicarse. Incluso después de que la guerra de Secesión llegara a su fin en 1865 y se aboliera la esclavitud, seguiría existiendo una división palpable entre los cristianos del Norte y los del Sur.

La obra de Charles Darwin *El origen de las especies* se había publicado en 1859, incitando a muchos cristianos a abandonar por completo el cristianismo. Por primera vez, muchos se plantearon una explicación alternativa a su razón de ser. Algunos empezaron a especular con que la vida no era más que el producto de un proceso evolutivo natural a partir de un universo por lo demás eterno.

En cualquier caso, tanto los no cristianos como incluso algunos cristianos quedaron cautivados por las investigaciones de Charles Darwin. Sin embargo, de sus explicaciones científicas surgió una creencia filosófica bastante peligrosa (al menos en lo que respecta a la religión). En lugar de depender de un Dios benevolente, Darwin describió toda la vida como un producto del entorno y que el éxito de un organismo sobre otro era el resultado de la «supervivencia del más apto».

Según Darwin, el entorno y las condiciones de vida de cada uno son los que moldean y perfeccionan cualquier organismo dado, y era simplemente el juego de la supervivencia lo que hace que las especies sean lo que son. Esta mentalidad condujo a algo llamado darwinismo social. Y la noción de darwinismo social crearía algunas ideas muy peligrosas. Al eliminar a Dios de la ecuación, algunos tomaron las observaciones de Darwin sobre la «supervivencia del más apto» y las convirtieron en una ideología extrema que afirmaba que solo se debía permitir sobrevivir a los más aptos.

Por supuesto, estas ideas son bastante contrarias a los viejos ideales cristianos de caridad y cuidado de los enfermos y los pobres. Los darwinistas sociales, como leones engreídos merodeando por la sabana, se abalanzaban sobre los afligidos y, en lugar de ayudarlos, se dedicaban activamente a acabar con ellos. Parece el argumento de una inquietante novela distópica en la que la gente del futuro arroja a los pacientes en silla de ruedas por los acantilados simplemente porque no están lo suficientemente «en forma».

El lado feo de la humanidad salió a la superficie como resultado directo de las teorías de Darwin. Hay que señalar que no hay pruebas de que el propio Darwin apoyara el darwinismo social. En su mayor parte, Darwin aplicó sus teorías estrictamente al plano biológico. Otros, sobre todo su colega biólogo y filósofo Herbert Spencer, dieron el salto y las aplicaron a las construcciones sociales a gran escala.

Sin embargo, los descubrimientos de Charles Darwin inspiraron a muchos a alejarse de la fe cristiana. Otros descubrimientos científicos e incluso arqueológicos también asestaron golpes a la religión. El descubrimiento de huesos de dinosaurios y el desarrollo de la datación por carbono sugirieron que la Tierra había existido durante miles de millones de años (en lugar de los diez mil o más años concebidos por muchos teólogos), lo que confundiría y consternaría a muchos creyentes.

De repente parecía como si hubiera toda una época de la historia de la que la Biblia no daba cuenta. Sin embargo, como dijo el apóstol Juan en el Evangelio de Juan, si todo lo que hizo Cristo (por no hablar de todo lo que hizo Dios antes de la creación de la humanidad) hubiera quedado registrado en las Escrituras, la Biblia tendría que ser mucho más grande para contener toda la información.

Dicho esto, la mayoría de los cristianos de hoy aceptan que la Tierra tiene efectivamente miles de millones de años y reconocen la existencia de los dinosaurios. Estos cristianos tienden a ver las Escrituras como algo que fue compilado como una necesidad de conocimiento para la humanidad. Los seres humanos no necesitaban saber acerca de los dinosaurios, por lo que la Biblia no lo menciona. Otros ven las historias de la Biblia como relatos y no como verdades; por ejemplo, no creen que Adán y Eva fueran necesariamente los primeros humanos. En cambio, creen que las historias transmiten verdades importantes para aplicar a sus vidas. En el caso de Adán y Eva, Dios concederá cosas buenas y maravillosas si uno cree y sigue sus instrucciones.

En este sentido, los cristianos han llegado a centrarse en el plan de salvación de Dios y en cómo se refleja directamente en ellos. Aceptan que hay muchas cosas que no sabemos y que quizá nunca sepamos. Pero, al mismo tiempo, creen que no necesitamos saberlo todo. Como dirían muchos cristianos convencionales, lo único que hay que conocer es a Jesús

Una última nota interesante sobre todo el debate entre cristianos y dinosaurios son los argumentos de algunos teólogos que sugieren que la Biblia no está equivocada. Es solo la antigua interpretación de la historia de la creación la que está en desacuerdo con lo que las Escrituras nos dicen en realidad. Contrariamente a la interpretación popular, el libro del Génesis no comienza con Dios creando la Tierra de la nada.

Si se presta atención, la llegada de los seres humanos en el Génesis parece comenzar en algún punto intermedio del relato de la creación y no al principio. Sí, la narración comienza con las palabras «En el principio», pero cuando se pasa a la creación de los seres humanos, se dejan caer pistas claras que indican que la Tierra (como en la prehistoria) ya existía antes de que la humanidad apareciera en escena.

En el primer versículo del Génesis, las Escrituras nos dicen muy sencillamente que «En el principio creó Dios los cielos y la Tierra» (Génesis 1:1). Esto se refiere al principio mismo, como en el comienzo del Big Bang. Pero en el segundo versículo, se puede percibir que la narración ha dado un salto adelante en el tiempo porque dice: «Y la Tierra estaba desordenada y vacía, las tinieblas cubrían la superficie del abismo, y el Espíritu de Dios se cernía sobre las aguas» (Génesis 1:2).

Parece que hay una brecha en el tiempo entre la creación inicial de los cielos (el universo) y la Tierra. Quienes señalan esta aparente laguna en la cronología bíblica se han convertido en defensores de la bien llamada «teoría de la brecha». Esta teoría insiste en que el Génesis relata adecuadamente cómo se creó el universo material, incluida la Tierra. Consideran que existe una brecha entre la creación inicial y el posterior establecimiento de los seres humanos.

Esa brecha muy bien podría haber abarcado miles de millones de años, durante los cuales los dinosaurios y otras criaturas prehistóricas vagaron por la Tierra. La mayoría de los científicos creen que la gran extinción que acabó con los dinosaurios se debió probablemente a un cometa o asteroide que se estrelló contra el planeta. Este asteroide habría levantado enormes nubes de polvo y bloqueado el sol. Y tal como dice la Biblia, habría habido «oscuridad sobre la superficie del abismo».

Así pues, los defensores de la teoría de la brecha sugieren que hubo una tremenda brecha entre el primer versículo del Génesis, que estableció la creación, y el segundo versículo, que menciona que la

Tierra estaba envuelta en tinieblas. Si la vida prehistórica había sido aniquilada previamente en un evento de nivel de extinción, entonces la creación que Dios comenzó en el segundo versículo no fue la primera creación de vida en la Tierra, sino más bien la recreación de la vida, que incluyó el advenimiento de la humanidad.

Se trata de una teoría interesante, ya que los versículos siguientes del Génesis hablan de lo que cabría esperar en un mundo que se recupera del bombardeo de un asteroide. La Tierra estaba envuelta en tinieblas, y Dios dijo: «Hágase la luz». Las nubes finalmente se separaron, y la vida comenzó a formarse de nuevo en la Tierra.

Si preguntáramos a los defensores de la teoría de la brecha por qué Dios no mencionó los cuatro mil millones de años de historia que ocurrieron entre Génesis 1 y 2, lo más probable es que nos dijeran que no necesitamos saberlo.

En cualquier caso, se crea o no en la exactitud de la Biblia o en la fe abrahámica, es divertido comprobar lo flexibles que pueden ser las Escrituras y la fe. Una y otra vez, desde Friedrich Nietzsche hasta Charles Darwin, ha habido quienes han especulado con que el cristianismo pronto podría quedar relegado al cubo de la basura como una reliquia obsoleta del pasado.

Sin embargo, una y otra vez nos sorprende lo adaptable que es la fe cristiana. Si se evalúa la capacidad de adaptación teológica de las principales religiones del mundo, el cristianismo casi siempre parece salir vencedor, asombrando a todos con su increíble resistencia y adaptabilidad. En parte, esto puede atribuirse al ferviente amor y devoción que los cristianos sienten por su fe.

Además del descubrimiento de los dinosaurios y la llegada de la datación por carbono, hubo un gran fervor cuando se descubrió la *Epopeya de Gilgamesh* enterrada en el polvo de la antigua Mesopotamia (actual Irak). La *Epopeya de Gilgamesh* contiene una historia del diluvio que parece ser anterior a la descripción del diluvio de Moisés, pero que es sorprendentemente similar tanto en detalles como en alcance.

Muchos se han preguntado desde entonces si esta fue la fuente del relato de Moisés. Pero incluso si los relatos son similares, es muy posible que ambos sean versiones diferentes del mismo acontecimiento. Esto no significa necesariamente que el diluvio no ocurriera. Moisés solo recibió una variante diferente del mismo relato, lo que tendría sentido, ya que lo habría escrito mucho después de que se produjera el diluvio (si es que lo escribió, pues los eruditos modernos creen que los primeros libros del Antiguo Testamento se escribieron mucho después de su muerte).

Tal cosa no es tan sorprendente si se considera el hecho de que el padre del pueblo hebreo —Abraham— procedía originalmente de Mesopotamia antes de ser conducido a la tierra prometida de Israel. Abraham era anterior a la compilación del Génesis por Moisés, y es probable que conociera la historia del diluvio, aunque es posible que durante su vida se transmitiera como una leyenda oral.

Así lo cree el rabino Robert Wexler. En un comentario de 2001, afirmó: «Lo más probable es que tanto el Génesis como Gilgamesh extrajeran su material de una tradición común sobre el diluvio que existía en Mesopotamia. Estas historias luego divergieron en la narración».

En cualquier caso, hubo muchos acontecimientos en el siglo XIX que hicieron que algunos cristianos empezaran a dudar de su fe. Otros encontraron nuevas e intrigantes formas de seguir apoyando sus creencias.

Capítulo 12: El cristianismo desde el siglo XX en adelante

A principios del siglo XX, los creyentes cristianos de todo el mundo albergaban la esperanza de que el nuevo siglo traería una edad de oro de fe renovada en el cristianismo. A pesar de que el siglo XIX inició una tendencia duradera al secularismo, muchos se mostraban optimistas ante la perspectiva de llevar «la luz del cristianismo» a todos los rincones del planeta.

Muchos predicadores difundieron el mensaje de que el cristianismo había alcanzado su «fase final» y que, en cuanto el Evangelio llegara a todo el mundo, el regreso de Cristo sería inminente. Y para los que se inclinaban más por un evangelio social de mejora de la vida cotidiana de sus semejantes, se creía que el cristianismo occidental, unido a nociones de democracia y a una civilización progresista y proactiva, promovería de forma natural sociedades pacíficas y amantes de la justicia en todo el mundo.

Desde nuestro punto de vista, más de cien años después, es fácil burlarse de tales ideas. Incluso con el examen más superficial de un libro de historia, sabemos que el siglo XX fue uno de los siglos más violentos y desastrosos que ha conocido la humanidad. En lugar de que la luz del cristianismo trajera el amor y la fraternidad universales, y la paz descendiera como una paloma, las personas que vivían en el siglo XX sufrieron dos guerras mundiales devastadoras, el terrorismo internacional y la llegada de armas nucleares destructoras del mundo.

Pero cuando 1899 se convirtió en 1900, los cristianos no tenían ni idea de lo que les esperaba, y muchos tenían la esperanza de que el progreso tecnológico, unido a una renovada evangelización cristiana, traería la paz y la prosperidad. Esta era la opinión general entre los protestantes, y la opinión católica era muy similar.

En 1905, el papa Pío X declaró célebremente: «La civilización del mundo es cristiana... Cuanto más completamente cristiana sea, más verdadera, más duradera y más productiva de frutos genuinos será». El papa Pío insistió en que la sociedad iba por buen camino, pero que la Iglesia católica debía adoptar una postura más proactiva para lograr una transformación «más completamente cristiana». Tanto protestantes como católicos apostaban por un siglo XX cristiano.

La Primera Guerra Mundial echaría por tierra gran parte de esas suposiciones, ya que las alianzas estratégicas llevaron prácticamente a todo el planeta a la guerra. La Primera Guerra Mundial fue desencadenada por un nacionalista serbio que asesinó a un archiduque austriaco que estaba de visita. Austria-Hungría se indignó, como es lógico, ante este giro de los acontecimientos y planteó una serie de exigencias draconianas.

Los serbios no tenían intención de cumplir todas las exigencias, algunas de ellas absurdas. Austria utilizó este rechazo como excusa para declarar la guerra a Serbia. Rusia, aliada de Serbia, declaró entonces la guerra a Austria-Hungría. Alemania, aliada de Austria, declaró la guerra a Rusia. Gran Bretaña y Francia declararon entonces la guerra a Alemania. Y lo siguiente que se supo fue que casi todas las grandes potencias mundiales se habían declarado la guerra mutuamente por un incidente que debería haber sido un hecho aislado, aunque sin duda intervinieron otros factores.

Jóvenes de todo el mundo pagaron el precio. Fueron enviados a las trincheras para ser gasificados y acribillados por ametralladora. Muchos se preguntaban no solo qué sentido tenía la guerra, sino también qué sentido tenía la vida y su fe en Dios. Estas preguntas suelen surgir cuando los cambios son tan rápidos y drásticos. El caos parece alejar a la gente de su fe o acercarla a ella.

Algunos ejemplos del renacimiento de la fe cristiana se remontan al comienzo de la Primera Guerra Mundial. Teniendo en cuenta la facilidad con que el mundo había descendido a una situación apocalíptica, es comprensible que las anteriores nociones cristianas de paz universal bajo Cristo se hicieran añicos. Tal vez lo más peculiar sea el hecho de que los cristianos dominantes tuvieran esa mentalidad en primer lugar.

El Nuevo Testamento cristiano se escribió en la tumultuosa época del siglo I, cuando Jesús y sus primeros discípulos vivían bajo la opresión de la ocupación romana. La opinión de los primeros cristianos era que antes de que las cosas mejoraran, empeorarían mucho más. Y aunque estaban de acuerdo en que la paz triunfaría al final, gran parte de sus ideas sobre el futuro tenían más que ver con el Armagedón que con la coexistencia pacífica entre las naciones.

Tal vez las decepciones de la ruptura de la paz y el orden internacionales hicieron retroceder la mentalidad cristiana hacia esta antigua visión cristiana del mundo. Y en muchos sentidos, se ha quedado atascada allí desde entonces. De hecho, es más probable escuchar a los cristianos de hoy hablar de que el fin está cerca y que están «listos para el Rapto».

Las guerras mundiales echaron por tierra la idea de que el cristianismo sería el pegamento que mantendría unido el orden mundial internacional, y se produjo un gran retorno a la visión apocalíptica. Inmediatamente después de la Primera Guerra Mundial, muchos órdenes del «viejo mundo» fueron destruidos. Tanto el Imperio austrohúngaro como el Imperio otomano se desmoronaron. La pérdida del Imperio austrohúngaro redefinió las fronteras de Europa. Y lo que quizá sea aún más importante, la pérdida del gigante otomano modificó radicalmente las zonas geográficas de Oriente Próximo y el norte de África.

La destrucción del Imperio otomano crearía el mandato británico sobre Palestina. Palestina o, como también se la conoce, «ersatz Israel» o la «tierra de Israel», es la tierra de la que habla la Biblia. Los cristianos occidentales no tenían el control sobre Tierra Santa desde las cruzadas. Y ahora estaban de vuelta.

Antes de este acontecimiento, era popular entre los cristianos creer que la alianza de Dios se había trasladado a la Iglesia cristiana. En el Antiguo Testamento de la Biblia, se dice que Dios tiene un pacto con la tierra de Israel, pero algo sucedió en el ínterin, con Israel convirtiéndose en gran medida irrelevante. Después de que los británicos arrebataran esta tierra a los otomanos, comenzó el desarrollo de la moderna nación-estado de Israel. El punto de vista de los cristianos empezó a cambiar, y los pronosticadores de la profecía empezaron a considerar de nuevo la tierra de Israel como fundamental para el plan de Dios.

Mientras tanto, Europa se vio gravemente sacudida por la Segunda Guerra Mundial. El conflicto fue terrible, pero un grupo cuyo sufrimiento a menudo se pasa por alto es la Iglesia alemana. Al principio, los nacionalistas alemanes intentaron cooptar a los cristianos alemanes promoviendo una mezcla de cristianismo vinculada al Estado alemán. Muchos cayeron en esta reconversión de la Iglesia, pero a mediados de la década de 1930, cuando las reformas extremas exigieron cambios radicales en la ideología cristiana, como abandonar el Antiguo Testamento e incluso las epístolas del apóstol Pablo, los cristianos alemanes intentaron por fin (aunque demasiado tarde) pasar a la acción.

Los disidentes religiosos de Alemania formaron lo que se conoció como la Iglesia confesante, que pretendía defender la palabra de Dios como soberana sin importar lo que Hitler o sus secuaces dijeran a nadie. Estos esfuerzos se cristalizaron en la Declaración de Barmen de 1934, que condenaba oficialmente lo que estaba haciendo el Estado alemán y trataba de reafirmar las creencias tradicionales de la Iglesia. La declaración afirmaba, en parte: «Rechazamos la falsa doctrina [de que el nacionalismo puede dictar a las iglesias] como si a la Iglesia se le permitiera abandonar la forma de su mensaje y orden a su antojo o a los cambios en las convicciones ideológicas y políticas imperantes».

Para entonces, el Estado alemán estaba firmemente en manos de los extremistas, y no hizo falta mucho para enviar a los disidentes a los campos de concentración. En poco tiempo, fueron apresados más de setecientos pastores alemanes que protestaban por lo que estaba ocurriendo en su país. Una de las voces alemanas que más alto se alzó contra lo que estaba haciendo el gobierno fue la del teólogo cristiano Dietrich Bonhoeffer.

Aunque Bonhoeffer se enfrentaba a un destino peor que la muerte, se negó a rendirse. Las autoridades alemanas acabaron por detenerlo y liquidarlo. Los que no fueron arrestados fueron amenazados repetidamente con la cárcel y cosas mucho peores, hasta que bajaron la cabeza mansamente, cedieron a la presión y mantuvieron la boca cerrada. Por mucho que queramos condenar a estos alemanes por no enfrentarse a su gobierno, es probable que hoy en día haya mucha gente que ceda a las exigencias de un régimen totalitario. Es difícil ponerse en el lugar de los demás. No se trata de excusar la decisión de la Iglesia alemana de retroceder ante la agresión, pero sí explica por qué la mayoría de los cristianos acabaron consintiendo tan fácilmente.

Y hablando de regímenes totalitarios, en la Unión Soviética, el cristianismo se enfrentó a un sorprendente giro de los acontecimientos. Desde los tiempos de Karl Marx, los comunistas se burlaban de la religión como si no fuera más que el opio de las masas, la zanahoria que se ensartaba sobre las cabezas de los pobres y cansados para que siguieran avanzando y siguieran marcando su reloj hasta el día de su muerte.

Los comunistas enseñaron a la gente que la religión era un engaño y que se utilizaba para mantener a la gente a raya con la promesa de una falsa recompensa al final de sus vidas. Por lo tanto, no debería sorprender que cuando los comunistas tomaron el poder en Rusia en 1917, comenzaran a perseguir a la Iglesia rusa. Lo que sí sorprende es que, durante los días más oscuros de la Segunda Guerra Mundial, el dictador totalitario José Stalin decidiera reabrir la Iglesia.

Mientras los rusos eran rechazados por los alemanes, se temía que la marcha sobre Moscú fuera inminente. Stalin fue lo bastante astuto como para darse cuenta de que los rusos necesitaban un símbolo poderoso, una fuerza unificadora que los mantuviera unidos. Stalin, que en algún momento había pensado en hacerse sacerdote, sabía que lo único que podía unir a los rusos era la religión.

Stalin no solo reabrió iglesias, sino que fomentó activamente la creencia del pueblo en el cristianismo como medio de mantener unido a su pueblo y, en última instancia, a la Unión Soviética. Su apuesta pareció funcionar bastante bien, ya que el ruso medio parecía ver la protección de su patria y su modo de vida como algo más parecido a una guerra santa y una lucha por su supervivencia.

Tras la Segunda Guerra Mundial, los teólogos cristianos se aferraron a lo que percibían como un presagio de proporciones bíblicas. Tras el fin de la guerra, Estados Unidos y las Naciones Unidas facilitaron que Israel volviera a ser una nación en 1948. En este punto, se puede marcar claramente el cambio en las creencias cristianas respecto al «fin de los tiempos». Las profecías apocalípticas volvieron a tener un trasfondo en Oriente Medio, y los cristianos empezaron a prever un inminente enfrentamiento del «fin de los tiempos» en Israel.

Se proclamó que las naciones enemigas marcharían sobre Israel justo antes del Rapto. La destrucción de Israel solo sería impedida por el regreso del propio Cristo. El hecho de que Israel ni siquiera fuera considerada en las profecías del fin de los tiempos durante cientos de años es bastante revelador. Demuestra cuán elásticas pueden ser algunas de las interpretaciones de las Escrituras y de las profecías apocalípticas.

En lo que respecta a la Iglesia católica, el Vaticano pareció salir fortalecido tras la guerra. Esto es sorprendente, teniendo en cuenta la controversia que aún persiste sobre cómo la Iglesia católica interactuó con el gobierno fascista italiano de Benito Mussolini. La Iglesia ha sido criticada por su supuesta cooperación, pero en realidad hizo más esfuerzos que cualquier otra institución tras los muros del fascismo para hacer algo por lo que estaba ocurriendo en el país.

La Iglesia trabajó activamente para salvar a muchos de los horrores del Holocausto. Aun así, muchos podrían haber predicho que la Iglesia católica se escindiría o se volvería irrelevante después de la guerra, y que el papa sería visto como una herramienta política comprometida de los déspotas. Pero en realidad, la Iglesia católica se fortaleció y consiguió retomar su papel tradicional de árbitro internacional.

El Vaticano recuperó su estatus de Estado-nación, y el papa volvió a ser el potentado. Además, contaba con el apoyo de más de mil millones de fieles católicos de todo el mundo. Entonces llegó el momento decisivo del «Vaticano II». Este concilio ecuménico comenzó en septiembre de 1962, con reuniones posteriores hasta el año 1965. El Concilio instó a la Iglesia católica a asumir un papel mucho más activo en los asuntos mundiales, entre otras cosas.

Y teniendo en cuenta los esfuerzos de papas como Juan Pablo II (a quien se atribuye un papel decisivo en el fin del comunismo) y el actual (al menos en el momento de escribir estas líneas) papa Francisco, la Iglesia católica ha seguido en gran medida este patrón de posicionarse como árbitro para el diálogo y el cambio mundial. Uno de los resultados más importantes del Concilio Vaticano II fue la determinación expresada de poner fin al antiguo antagonismo que se había desarrollado entre católicos y protestantes.

Desde la Reforma, las dos ramas del cristianismo se han enfrentado con frecuencia. Sin embargo, el Vaticano II decidió que había llegado el momento de dejar de competir con los protestantes e intentar cooperar con ellos en la medida de lo posible.

En Estados Unidos, algunos protestantes y católicos de línea dominante adoptaron lo que se conocería como el Evangelio Social.

Este movimiento era similar a lo que había ocurrido anteriormente en el siglo XIX, cuando el cristianismo se utilizó de nuevo para la elevación social de la humanidad. Pero, a diferencia de su predecesora, esta nueva variante tenía una llamada a la acción mucho más urgente. Estaba estrechamente entrelazada con movimientos sociales populares, como el movimiento por los derechos civiles y el movimiento feminista.

El Evangelio Social insistía en que había llegado el momento de actuar para hacer del mundo un lugar mejor e instaba a la gente a salir de las iglesias y salir a la calle para desempeñar un papel más activo en la configuración de la sociedad en la que vivían. Los seguidores del Evangelio Social a menudo contrastaban con el cristianismo evangélico más conservador, liderado en Occidente por predicadores de la talla de Billy Graham.

Billy Graham no era tan proclive a predicar sobre el cambio social inmediato como a advertir a la gente de que el fin estaba cerca. Billy Graham lanzó un mensaje muy resonante: el fin de los tiempos se acercaba rápidamente. A menudo reunía a las masas para que se convirtieran a través de las poderosas imágenes que transmitía.

Por supuesto, Billy Graham no fue el primer predicador en transmitir que el apocalipsis estaba cerca. Pero teniendo en cuenta la llegada de las armas nucleares y el hecho de que, a principios de la década de 1960, Estados Unidos y Rusia habían acumulado armamento nuclear suficiente para hacer estallar todo el planeta con solo pulsar un botón, el mensaje de Billy Graham se hizo palpable. Parecía como si un Armagedón incontrolable e implacable estuviera realmente a punto de estallar en la cara de todos.

La idea de un Armagedón nuclear fue muy influyente en el pensamiento cristiano. Nunca se insistirá lo suficiente en la influencia que tuvieron estos acontecimientos mundiales en la idea que tenían los cristianos de que el fin estaba cerca. En el pasado se podía sugerir algo así, pero la amenaza parecía mucho más realista durante la Guerra Fría. Incluso hoy en día, cuando el umbral de la guerra nuclear ocasionalmente levanta la cabeza, inevitablemente habrá muchos predicadores que hablen para declarar que el largamente profetizado «fin de los días» está a punto de comenzar.

Como muestra de lo poderosa que es esta imaginería del «fin de los tiempos», el teólogo cristiano Hal Lindsey escribió un libro sobre cómo creía que se desarrollaría el final, titulado *La agonía del gran planeta*

Tierra. El libro se publicó en 1970 y fue un éxito de ventas inmediato. En lugar de perder relevancia, el libro sigue siendo popular hoy en día, y el propio Hal Lindsey sigue afirmando que es un retrato exacto de lo que podría suceder. La única diferencia es el nivel de «inminencia» del fin.

La predicación del fin de los tiempos no ha disminuido mucho; sin embargo, los objetivos siguen cambiando. En realidad, la Iglesia cristiana ha estado esperando el fin desde que Jesús predicó por primera vez que «el reino de los cielos está cerca» en el siglo I. La Iglesia primitiva estaba esperando el fin de los tiempos hace dos mil años, y los cristianos siguen esperando hoy en día. Aunque la propia Biblia sugiere que el fin llegará, no establece fechas.

Cuando le preguntaron cuándo sonaría la trompeta final, Jesús declaró: «Solo el Padre lo sabe». Como nos dice Mateo 24:36: «Pero nadie sabe cuándo llegará ese día o esa hora, ni los ángeles celestiales ni el Hijo. Solo el Padre lo sabe».

La Escritura también afirma que, para Dios, «un día es como mil años, y mil años como un día» (2 Pedro 3:8), lo que lleva a algunos predicadores modernos a bromear diciendo que dos mil años no son nada en el gran esquema de las cosas. El evangelista Jesse Duplantis es aficionado a desechar cualquier idea de que la Segunda Venida está tardando demasiado afirmando que, desde la perspectiva de Dios, solo ha pasado un fin de semana desde la resurrección. Para él y para muchos otros predicadores, no hay retraso: Dios sigue cumpliendo su calendario.

Otro gran cambio en el cristianismo del siglo XX que no puede pasarse por alto es el pentecostalismo. La fe pentecostal defiende una conexión directa y personal con Dios, que a menudo se demuestra mediante experiencias religiosas expresivas, como levantar las manos, caer al suelo y hablar en lo que se ha dado en llamar «lenguas».

Los pentecostales creen que estas experiencias se producen cuando están llenos del Espíritu Santo y establecen una conexión directa con lo divino. El pentecostalismo comenzó como un movimiento marginal a principios del siglo XX, pero desde entonces se ha convertido en una de las ramas más populares y crecientes del cristianismo. Para hacerse una idea de la popularidad del pentecostalismo, basta con ver la televisión cristiana.

La televisión cristiana, en general, está dominada por promotores de la fe pentecostal. Puede que Billy Graham fuera un bautista incendiario que se atrevió con las ondas, pero hoy en día, casi todos los evangelistas que se ven por televisión son probablemente de fe pentecostal. Las creencias pentecostales también se están extendiendo rápidamente por toda América Latina.

Los practicantes de la fe católica encuentran ahora una dura competencia entre los creyentes pentecostales de América Latina. En Brasil, por ejemplo, se dice que más del 16% de la población es pentecostal. A medida que estos movimientos cristianos sigan creciendo, podemos estar seguros de que el futuro ofrecerá aún más enriquecimiento y desarrollo de la fe cristiana.

Conclusión: La razón por la que seguimos creyendo

Se puede afirmar con bastante seguridad, ahora que han transcurrido unos dos mil años, que la fe cristiana ha resistido la prueba del tiempo. Aunque sus practicantes han adaptado algunas de sus prácticas y puntos de vista a lo largo de los siglos, la fe en sí sigue siendo fuerte. El cristianismo no solo cuenta con el mayor número de fieles, sino que es una de las pocas religiones que celebran quienes ni siquiera creen en ella.

Si uno quiere ver pruebas del dominio mundial del cristianismo, todo lo que tiene que hacer es considerar la celebración de la Navidad. Casi doscientos países celebran hoy la Navidad.

Aunque se podría caer en la tentación de restarle importancia y sugerir que se trata solo de la influencia del mercantilismo occidental, esa idea no explica adecuadamente la alegría pura con la que se aborda y se celebra la Navidad. Y nos demos cuenta o no, los temas de Cristo y el cristianismo han impregnado incluso las interpretaciones supuestamente más laicas de la fiesta.

Tomemos, por ejemplo, el cuento de «Frosty, el muñeco de nieve». Se trata de un cuento perfectamente laico, sin ninguna connotación religiosa, ¿verdad? Habla de un muñeco de nieve que un día cobró vida «mágicamente» (la inmaculada concepción). El muñeco de nieve ganó adeptos por su bondad y pureza de corazón (era un alma alegre y feliz). En la película de animación de 1969, el muñeco de nieve pereció en un acto heroico de abnegación.

Una niña se estaba muriendo de frío, así que Frosty la llevó a un cálido invernadero aun sabiendo que se derretiría. Murió para que otros pudieran vivir. La niña aparece llorando desconsoladamente (como María Magdalena llorando en la tumba de Cristo), hasta que aparece la figura paternal y benévola de Papá Noel y devuelve a Frosty el muñeco de nieve a la vida (la resurrección). Los niños se alegran, pero se entristecen al ver a Frosty volar con Papá Noel al Polo Norte (la ascensión). Pero, aun así, Frosty «se despide diciendo: "No llores, algún día volveré"».

Ahora bien, tal vez esta tonta analogía pueda provocar algunas risas. Pero hablando en serio, uno no puede dejar de asombrarse de cómo los temas de Cristo y el cristianismo parecen casi ineludibles en lo que respecta a la Navidad, incluso cuando tratamos de suprimirlos o evitarlos. Tal vez estén tan arraigados en nuestros corazones y nuestras almas que, incluso cuando un escritor laico tiene que escribir un cuento de Navidad sobre un muñeco de nieve, no puede evitar, inconscientemente, darle algunos atributos parecidos a los de Cristo.

Y tiene que haber una razón para ello. El motivo de la Navidad siempre ha sido Jesucristo y los seguidores de la fe cristiana, que durante mucho tiempo han mantenido las creencias cristianas en el centro de la conciencia de toda la humanidad.

Vea más libros escritos por Enthralling History

Apéndice A: Lecturas complementarias y referencias

Holland, Tom. *Dominion: How the Christian Revolution Remade the World.* 2019.

MacCulloch, Diarmaid. *A History of Christianity: The First Three Thousand Years.* 2009.

Mullin, Bruce Robert. *A Short World History of Christianity.* 2006.

Shelley, Bruce. *Christian Theology in Plain Language.* 1982.

Ware, Kalistos. *The Orthodox Church.* 1963.

www.ingramcontent.com/pod-product-compliance
Lightning Source LLC
Chambersburg PA
CBHW070340010526
44107CB00004B/567